Ulrike Leyhe · Hans-Peter Haas

Mit praktischen Pflanzplänen

Pflanzrezepte

für Balkon & Blumenbeet

Kreative Konzepte zum Nachmachen

blv

Was Sie in diesem Buch finden

Farbenfrohe Beet- und Balkonbepflanzungen

Mit attraktiven Staudenbeeten und gekonnt bepflanzten Balkonkästen schaffen Sie sich ihr eigenes kleines, blühendes Paradies direkt vor der Haustür. Eine stimmungsvolle Gestaltung lebt von der harmonischen Farbzusammenstellung, aber auch von der geschickten Kombination verschiedener Wuchsformen. In diesem Buch stellen wir Ihnen erprobte Beispiele für die unterschiedlichsten Geschmäcker vor.

Gestalten mit Farben und Formen

Die Blütenfarben sind das wirkungsvollste Gestaltungsmittel. Sie vermitteln Wärme oder kühle Distanz. Mit verwandten Farben kann man eine Pflanzung sehr harmonisch und ruhig gestalten. Die Verwendung stark kontrastierender Farben, wie zum Beispiel Gelb und Blau, belebt eine Pflanzung dagegen sehr. Unterschiedliche Blatt- und Blütenformen bringen zusätzlich Spannung in die Zusammenstellung. Um den Balkonkästen und den Blumenbeeten mehr räumliche Wirkung zu verleihen, arbeiten wir in unseren Vorschlägen immer mit der Höhenstaffelung als Gestaltungsmittel.

Vor dem Pflanzen

Machen Sie sich vor dem Planen und Pflanzen ein genaues Bild von der Lage Ihres Balkons oder des Ortes, an dem Sie das Blumenbeet planen. Es ist zu klären, wie die Lichtverhältnisse sind und ob die Pflanzen dem Regen oder Wind stark ausgesetzt sind. Darüber hinaus sehen Sie sich Ihren Garten oder Balkon genau an. Entscheiden Sie nach persönlichem Geschmack, ob dazu eher warme, knallige oder pastellfarbene Töne passen und welche Stilrichtung, z. B. modern reduziert oder eher ländlich üppig, Ihnen zusagt. Während Sie die Balkonkästen jede Saison anders gestalten können, sollte die Entscheidung für die Gestaltung eines Staudenbeets gut überlegt sein. Das Beet kann so ein tragendes Element in Ihrem Garten bleiben, an dem Sie viele Jahre Freude haben. Die Beet-Rezepte in diesem

Inmitten dieser erfrischenden Bepflanzung kann man es an einem heißen Sommertag gut aushalten.

Buch sind für vorwiegend sonnige Standorte gedacht, bei den Balkonkästen finden sich auch viele Vorschläge für schattige Lagen.

Die Pflanzrezepte

Einen ersten Eindruck vom fertigen Beet oder Balkonkasten vermittelt die jeweilige Illustration. Der zugehörige Pflanzplan hilft bei der Ausführung. Bei den Staudenbeeten erweist das integrierte Quadratmeterraster zusätzlich gute Dienste bei der Umsetzung. Die Beete sind durch die rhythmische Wiederholung der eingesetzten Pflanzenarten so konzipiert, dass Sie die Pflanzvorschläge je nach eigenem Platzangebot beliebig verkleinern oder vergrößern und in der Form verändern können. Da die Stauden entsprechend ihren Platzansprüchen eingezeichnet wurden, hilft das Raster auch beim Zusammenstellen des Staudenbedarfs. Übertragen Sie dieses Raster vor der Pflanzung mit Sand auf Ihre Pflanzfläche. Damit vereinfacht sich das Auslegen und Einpflanzen der Stauden ganz erheblich. Zu jedem Pflanzrezept finden Sie eine Einkaufsliste mit passenden Alternativpflanzen, falls Sie einmal etwas nicht bekommen oder Ihnen eine Pflanze nicht gefällt. Wir wünschen Ihnen viel Spaß beim Nachpflanzen und Ausprobieren!

Verschiedene Höhen und harmonierende Farben sorgen für ein eindrucksvolles Beet.

Balkonkästen und Blumenbeete zum Nachpflanzen

Rezepte für jeden
Geschmack in allen Farben
des Regenbogens.

Gelb-Grün: Leuchtkraft für den Schatten

Auch auf dem angenehm kühlen Schattenbalkon muss man auf leuchtende Blüten nicht verzichten. Gelb, Apricot und Orange sind weithin sichtbare Signalfarben und verzaubern den Nordbalkon in einen warmen und gern besuchten Sitzplatz. Die Pflanzen sind vorzüglich ausgewählt. Die Fernwirkung ist nahezu unübertrefflich, nicht zuletzt auch deshalb, weil die Farben sorgfältig ausgewählt worden sind.

Licht im Schatten

Großen Anteil daran haben die Knollenbegonien, mit denen eine außergewöhnliche Pflanzengruppe, die vieles zu bieten hat, zur Verfügung steht. Hier sind es die gelb gefüllten »Nonstop«-Sorten, die in ihrer Leuchtkraft kaum zu überbieten sind. Auch die eleganten Girlandenbegonien mit den großen gefüllten apricotfarbenen Blüten stehen ihren Schwestern in nichts nach. Die Neu-

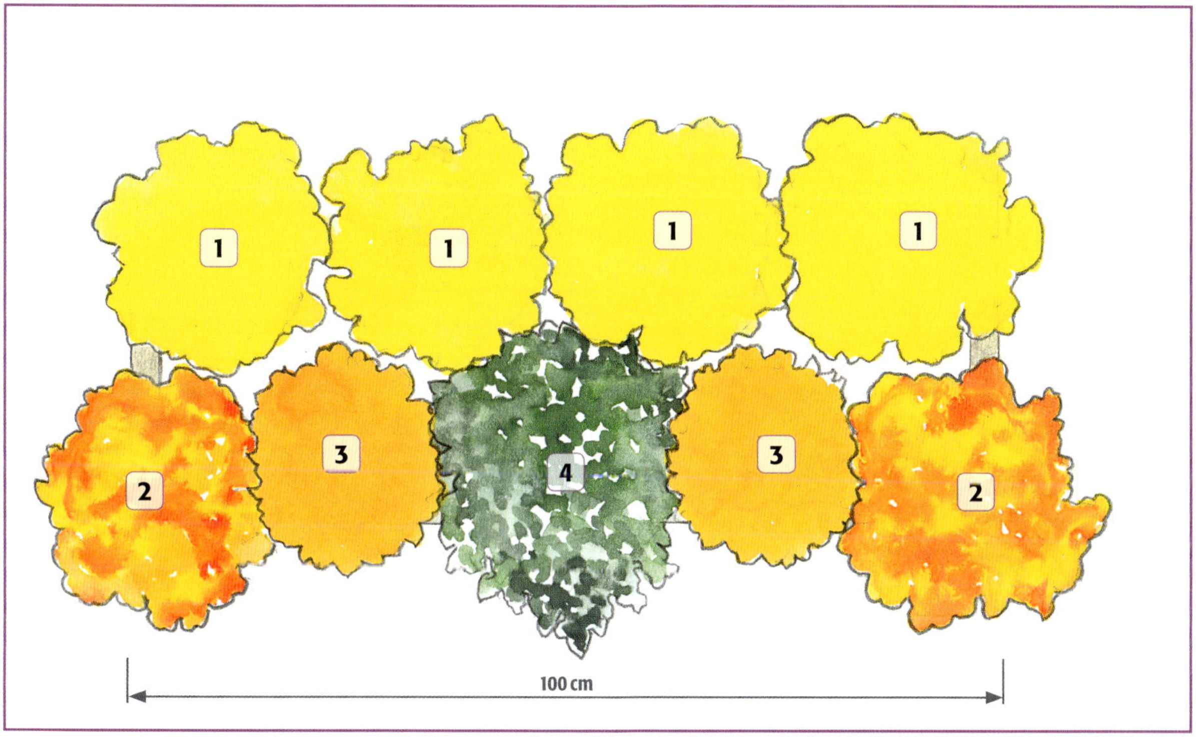

Was Sie brauchen

1 4 × **Begonie** *(Begonia*-Knollenbegonien-Hybriden) Nonstop 'Gelb', gelb

2 2 × **Begonie** *(Begonia*-Knollenbegonien-Hybriden, Girlandenbegonie) 'Illumination Apricot', gelb-apricot

3 2 × **Edel-Lieschen** *(Impatiens*-Neuguinea-Hybriden) 'Tango', orange

4 1 × **Gundermann** *(Glechoma hederacea)*, 'Variegata' weißbuntes Blatt

Was Sie auch nehmen können

Statt **4** 1 × **Süßkartoffel** *(Ipomoea batatas)* in einer Sorte mit limonen- oder bronzefarbenem Blatt

Knollenbegonien setzen mit ihren großen, gefüllten Blüten auch solo kräftige Farbakzente.

guinea-*Impatiens* entwickelt große, leuchtend orangefarbene Einzelblüten und der Gundermann lässt wie »Rapunzel« seine Blätterpracht bis zum Boden gleiten.

Wie Sie pflanzen

Diese Pflanzenkombination ist in ihrer Farbenpracht nur schwer zu überbieten. In der hinteren Reihe sind die leuchtend gelben **Knollenbegonien** gesetzt. Die vier Pflanzen werden so positioniert, dass am Kastenrand noch etwas Freiraum für die Entwicklung anderer Pflanzen bleibt. Diesen Platz würden nämlich liebend gerne die **Girlandenbegonien** aus der vorderen Reihe mit nutzen, um seitlich den optischen Rahmen stärker mitzugestalten. Die Kombination großer gelber und apricotfarbener Blütenbälle könnte nicht lebhafter sein und ist der Garant dafür, dass dieser Schattenplatz sicher gerne aufgesucht wird.

Bei der Pflanzung der Knollenbegonien ist darauf zu achten, dass die Wurzelballen richtig gesetzt werden. Zu hoch gesetzte Pflanzen leiden unter mangelnder Standfestigkeit und chronischem Wassermangel. Der Grund liegt in der hohen Wasserverdunstung auf der Ballenoberfläche. Bei zu tief gesetzten Pflanzen kann Fäulnis am Wurzelhals auftreten. Am besten den Wurzelballen nur leicht mit Erde bedecken.

Besonders große und leuchtend orangefarbene Blüten produziert die Sorte 'Tango'. Diese **Neuguinea-Impatiens** ist darüber hinaus äußerst robust und blühfreudig. Die Pflanzen sind über Aussaat vermehrbar und damit auch eine kostengünstige Variante im Vergleich zu den vegetativ vermehrten Sorten. Zwischen den orangefarbenen Dauerblühern entwickelt sich der heimische **Gundermann.** Diese interessante Strukturpflanze wächst stark überhängend, ohne die Blütenpflanzen zu beeinträchtigen. Eine echte Alternative zum Gundermann sind die rankenden Süßkartoffeln. Diese vielseitig einsetzbare Pflanze ist nicht nur eine attraktive Struktur- und Hängepflanze, sondern auch ein idealer Teamplayer, um blühende Akzente der Nachbarpflanzen zu untermauern.

Wie Sie pflegen

Begonien bevorzugen ein gleichmäßig feuchtes Pflanzsubstrat. Nur gut, dass die Pflanzen im Schatten stehen, ansonsten würde man wohl kaum mit dem Gießen nachkommen. Wenn möglich, bietet man den **Knollenbegonien** Windschutz. Vor allem mit zunehmendem Alter und Pflanzengewicht sind sie bruchgefährdet. Daher sollte beim Einpflanzen besonders auf Standfestigkeit geachtet werden, um die Bruchgefahr zu minimieren.

Wer will, kann seine Lieblinge auch überwintern. Im Herbst werden die Knollen aus der Erde genommen und trocken in Zeitungspapier gelagert. Auch kleine Knollen können so über den Winter gebracht werden. Sie blühen im nächsten Frühjahr vielleicht noch nicht so üppig wie gewohnt. Aber nichtsdestotrotz, mit den Jahren werden auch diese Knollen größer, und damit auch der oberirdische »Sprössling«. Im Frühjahr werden die Knollen vor dem Legen gründlich gewässert und in die Erde gesetzt. Achten Sie darauf, dass die »Delle« an der Knolle im Pflanzsubstrat nach oben zeigt.

Ein warmes, windstilles Plätzchen würde auch dem **Edel-Lieschen** sehr gefallen. Wenn dann noch reichlich Wasser und Nährstoffe angeboten werden, läuft das Neuguinea-Lieschen zur Hochform auf. Über und über erscheinen große orangefarbene Blüten und die Triebe breiten sich willig über den Kastenrand aus. Die hier verwendete Freilandsorte 'Tango' ist äußerst robust und bedarf keiner außerordentlichen Pflege. Gleiches gilt auch für die neuen Sorten aus der Sunpatiens-Serie, die auch in voller Sonne gedeihen und sich außerordentlich wüchsig präsentieren. Die Süßkartoffel bedarf keiner besonderen Pflege. Die unterirdischen Knollen sind essbar und längst bekannt bei kulinarischen Genießern.

Der **Gundermann** ist der ideale Partner für die Schatten liebenden Blütenpflanzen. Die Triebe mit den weißgrünen, panaschierten Blättern wachsen umso stärker, je sorgfältiger Wasser und Dünger nachgereicht werden. Es ist keine Seltenheit, dass der Gundermann ein bis zwei Meter aus dem Blumenkasten hängt. Wenn er den Boden erreichen sollte, beginnt er sogleich Wurzeln zu schlagen und holt sich dort Nährstoffe und einen festen Halt. Der Gundermann gehört zu den pflegeleichten Strukturpflanzen, die ohne viel Aufwand zuverlässig bis in den Herbst hinein ihre natürliche Schönheit behalten.

Man kann ihn dann mit anderen Strukturpflanzen wie dem Purpurglöckchen, verschiedenen Heidepflanzen oder Beerenpflanzen wie der Torfmyrte kombinieren. Mit Winterschutz kann man den Gundermann sogar draußen überwintern.

Tipp

Statt dem Gundermann können Sie auch eine Süßkartoffel *(Ipomoea batatas)* verwenden. Die einzelnen Sorten unterscheiden sich durch die Blattfarbe und -form. Bewährte Sorten bieten die Serien »Sweet Caroline« oder »Sweet Heart«.

Gelb-Grün: helle Blüten vor ruhigem Grün

Helle Blütenfarben wie zartes Gelb und Weiß kommen am besten vor einer dunkelgrünen hohen Hecke zur Geltung. Eine geschnittene Hecke, z. B. aus Rot-Buche *(Fagus sylvatica)*, Hainbuche *(Carpinus betulus)* oder der immergrünen Gewöhnlichen Eibe *(Taxus baccata)*, bildet den richtigen Rahmen für dieses Staudenbeet, das von Frühsommer bis Spätherbst blüht. Leuchtend gelblich grüne Töne können zusammen mit kühlen zitronen- oder schwefelgelben Nuancen und Weiß einen duftigen Farbverlauf skizzieren. Alle Stauden in diesem Beet gedeihen bestens in voller Sonne und entfalten dann auch ihre ganze Blütenpracht. Auch Freunde von duftenden Pflanzen kommen bei diesem Beet vollends auf ihre Kosten, dank wundervoller Bart-Iris, Indianernessel, Hoher Flammenblume und Pracht-Garben.
Da der Blütenreigen der Stauden erst im Frühsommer

Gelb-Grün: helle Blüten vor ruhigem Grün

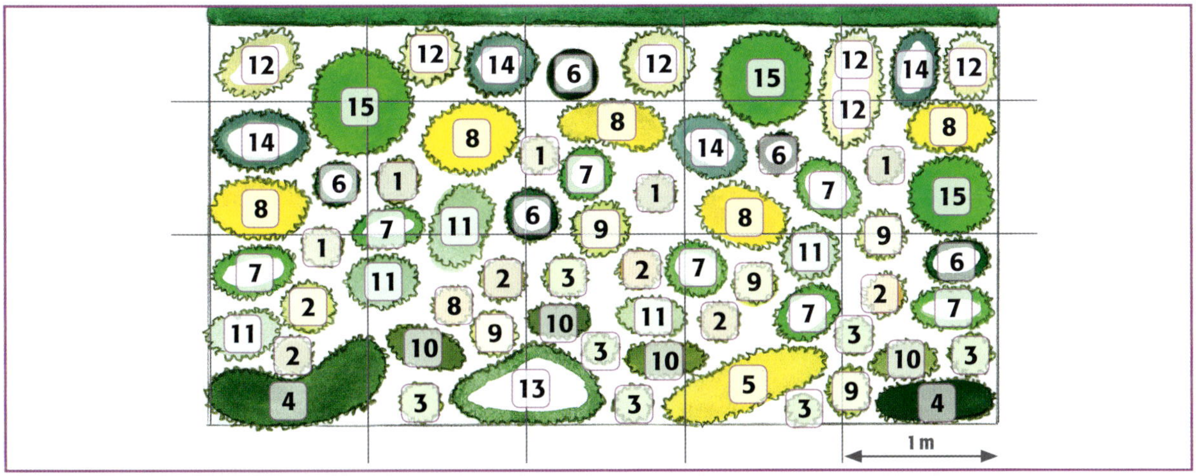

Was Sie brauchen

1 5 × **Pracht-Garbe** *(Achillea)* 'Credo'

2 5 × **Pracht-Garbe** *(Achillea)* 'Hella Glashoff'

3 7 × **Schleier-Frauenmantel** *(Alchemilla mollis)*

4 10 × **Kissen-Aster** (*Aster* Dumosus-Gruppe), weiße Sorte, z. B. 'Apollo', 'Niobe'

5 7 × **Quirlblättriges Mädchenauge** *(Coreopsis verticillata)* 'Moonbeam'

6 5 × **Hoher Garten-Rittersporn** (*Delphinium* Elatum-Gruppe), weiße Sorte, z. B. 'Green Twist', 'Double Innocence'

7 7 × **Purpursonnenhut** *(Echinacea purpurea)* 'Alba'

8 6 × **Stauden-Sonnenblume** *(Helianthus decapetalus)* 'Capenoch Star'

9 6 × **Taglilie** *(Hemerocallis)* 'Hassie Garren'

10 4 × **Hohe Bart-Iris** (*Iris* Germanica-Gruppe) 'Skating Party'

11 5 × **Indianernessel** *(Monarda fistulosa)* 'Schneewittchen'

12 6 × **Hohe Flammenblume** (*Phlox* Paniculata-Gruppe) 'Pax'

13 5 × **Hain-Salbei** *(Salvia nemorosa)* 'Schneehügel'

14 4 × **Kandelaber-Ehrenpreis** *(Veronicastrum virginicum)* 'Album'

15 3 × **Chinaschilf** *(Miscanthus sinensis)* 'Strictus'

Was Sie auch nehmen können

Statt **7** ***Echinacea purpurea*** 'Milkshake', weiß gefüllte Sorte

Statt **12** **Großblatt-Phlox** *(Phlox amplifolia)* 'Weiße Wolke'

Bei monochromen Beetgestaltungen werden die unterschiedlichen Blütenformen wirkungsvoll betont.

beginnt, können nach dem Einwachsen der Stauden im Herbst Blumenzwiebeln für den Frühlingsaspekt gepflanzt werden. Tulpen, Narzissen und Hyazinthen bieten eine unglaubliche Vielfalt an Sorten, die den Blütenzauber schon im Frühjahr verwirklichen.

Wie Sie pflanzen

Eine geschnittene Hecke bildet den idealen »Rücken« für eine gestaffelte Rabatte. Da die Pflanzfläche nur von einer Seite betrachtet wird, sollten die Pflanzen im Vordergrund die niedrigsten sein, die im Hintergrund die höchsten. Die Höhen sollten dabei jedoch in der Tiefe der Fläche variieren, sodass sich ein abwechslungsreiches, spannendes Bild ergibt. Bereiten Sie den Boden gut vor und planen Sie vor der Hecke einen Pflegeweg für die Staudenpflege und den Heckenschnitt ein. Je nach Breite des Beetes sollte der Pflegeweg etwa 50–80 cm breit sein und mit Mulchmaterial, wie zum Beispiel grobem Rindenmulch, abgedeckt werden. Der Pflegeweg wird dank der Höhenstaffelung optisch nicht auffallen, erleichtert die anfallenden Pflegearbeiten aber ganz erheblich.

Ein guter Pflanzzeitpunkt ist das späte Frühjahr oder der Frühsommer, sodass die Stauden bis zum ersten Winter gut angewachsen sind. Alle ausgewählten Stauden können als Topfware bezogen und dann gleichzeitig gepflanzt werden. Lediglich bei **Hohen Bart-Iris** und **Taglilien** kann es einfacher sein, die gewünschten Sorten etwa ab August/September als wurzelnackte Freilandware zu beziehen, die dann direkt in die vorbereiteten Lücken gepflanzt werden. Iris-Rhizome dürfen nur flach gepflanzt und mit wenig Erde bedeckt werden. Wichtig ist auch, dass sie nicht von anderen Pflanzen überwuchert werden.

Frühjahrsblühende Zwiebelgewächse wie Tulpen oder Narzissen werden im Herbst gepflanzt. Falls Sie Ihr Beet mit Blumenzwiebeln bereichern möchten, dann gönnen Sie sich etwas Zeit und beobachten im Frühjahr den Staudenaustrieb und die Pflanzenentwicklung. Zu diesem Zeitpunkt fällt es sehr viel leichter die richtige Auswahl an Blumenzwiebeln zu treffen. Im Herbst können die Zwiebeln dann gepflanzt werden.

Wie Sie pflegen

Nach dem Rückschnitt der Stauden wird der Boden im Frühjahr gründlich gelockert. Beobachtet werden sollte der **Hohe Garten-Rittersporn**, da seine Schönheit sich nur dann entfaltet, wenn er rechtzeitig unauffällig gestäbt wird. Wenn die Blütentriebe bereits umgefallen sind, ist die elegante Schönheit leider nicht mehr zu retten.

Nach der ersten Blüte in der Rabatte fällt der Remontierschnitt an, der hier bei **Rittersporn**, **Hain-Salbei**, **Schleier-Frauenmantel** und **Pracht-Garben** empfehlenswert ist. Diese Stauden werden nach der Blüte bodennah zurückgeschnitten, um eine zweite Blüte im August oder September zu fördern.

Die Blütenstände von **Hohen Bart-Iris** und **Taglilien** sollten nach der Blüte ausgeschnitten werden, da deren Fruchtstände keinen Zierwert besitzen, auch wenn keine Versamungsgefahr besteht.

Die **Hohe Flammenblume** sollte nach der Blüte ausgeschnitten werden, um eine Versamung zu vermeiden. Empfehlenswert ist bei **Phlox** ein Vorblüteschnitt, der die Verzweigung und somit die Standfestigkeit fördert. Gleichzeitig verzögert sich der Blütezeitpunkt um einige Wochen. Daher kann der Vorblüteschnitt auch gezielt zur Blütezeitverlängerung eingesetzt werden. Der richtige Schnittzeitpunkt ist Anfang Juni.

Pflegeleicht ist die **Kissen-Aster**, die sich durch kurze Ausläufer flächig ausbreitet. Neben dem Herbstrückschnitt ist lediglich zu beachten, dass die Ausläufer nicht in die angrenzenden Staudenhorste eindringen.

Je nach Witterungsverlauf gibt es bei der **Indianernessel** unterschiedliche Pflegestrategien. In sommertrockenen Jahren fördert ein Rückschnitt nach der Blüte die Vitalität, gleichzeitig eine einfache Maßnahme, um den Befallsdruck mit Echtem Mehltau wirkungsvoll zu verringern. In Jahren mit geringem oder gar keinem Befall zieren die Fruchtstände der Indianernessel bis weit in den Herbst hinein.

Ähnlich verhält es sich bei 'Moonbeam', der zartgelben Sorte von ***Coreopsis verticillata***. Da die reichblühende Sorte recht niedrig bleibt, können die Fruchtstände belassen werden. Wenn die Triebe auseinanderfallen, können sie nach der Blüte auch mit der Heckenschere eingekürzt werden.

Laufend ausgeschnitten werden sollten die verblühten Blumen der **Stauden-Sonnenblume**, um die fortlaufende Blütenbildung zu fördern.

Tipp

Aus Kreuzungen von *Achillea filipendulina* × *Achillea millefolium* sind zahlreiche Sorten von Pracht-Garben mit neuen Blütenfarben entstanden. Hier verwendet werden:
'Credo', hellcremegelb, 80 cm
'Hella Glashoff', cremegelb, 60 cm.

Gelb: strahlendes Blütenmeer

Zitronenfrisch, jung und unbekümmert wirkt diese Blütenmischung in hellen Gelbtönen. Hier ist die »Tankstelle« für neuen Schwung, mindestens für einen ganzen Tag. Nicht einmal die Schmetterlinge können widerstehen und zählen zu den regelmäßigen Stammgästen. Auch Bienen und Hummeln lassen sich nicht abhalten und naschen gerne am süßen Blütennektar.

Der neue Trend

In strahlender Sommerlaune präsentieren sich die Strauchmargeriten und die zauberhaften Kapkörbchen. Ihnen zur Seite stehen der Husarenknopf und die neuen Sorten des Elfenspiegels, die nie aufhören zu blühen. Elegant schieben die Aschenranken ihre silbrig glänzenden Blätter durch das gelbe Blütenmeer und geben dem Balkonkasten eine vornehme Note. Eine

Was Sie brauchen

1 1 × **Strauchmargerite** *(Argyranthemum frutescens)* 'Citronelle', zartgelb

2 2 × **Kapkörbchen** *(Osteospermum ecklonis)* Symphony 'Banana', gelb

3 2 × **Aschenranke** *(Helichrysum petiolare)* 'Mini-Silver', silber-grün

4 2 × **Husarenknopf** *(Sanvitalia procumbens)* 'Lucky Star', gelb

5 1 × **Elfenspiegel** *(Nemesia strumosa)* 'Pineapple', creme-gelbe Mitte

Was Sie auch nehmen können

Statt 2 2 × **Studentenblume** *(Tagetes tenuifolia)*, 'Lulu', gelb

Statt 3 2 × **Mottenkönig** *(Plectranthus forsteri)* 'Variegata', weiß grün panaschiertes Laub

Statt 5 1 × **Zweizahn** *(Bidens ferulifolia)*, 'Flair' gelb

Die gelben Nemesien haben hier ihren ganz großen Auftritt.

besondere Wirkung erzielen diese Farbkombinationen vor dunklen Hausfassaden oder Balkonbrüstungen und versetzen in allgemeines Erstaunen.

Wie Sie pflanzen

In dieser Pflanzkombination werden bevorzugt Arten mit gelben Farbtönen verwendet. Eine gewisse Leitfunktion übernimmt die **Strauchmargerite,** die mittig in der hinteren Reihe gepflanzt wird. Die Sorte 'Citronelle' besticht durch eine Vielzahl von primelgelben Zungenblüten mit dunkelgelber Blütenmitte. Die Sorte verbindet alle guten Eigenschaften der Strauchmargeriten, wächst kompakt und doch breit ausladend. Die Kapkörbchensorte Symphony 'Banana' ergänzt die vorhandene Serie mit der bananengelben Blütenfarbe. Besonders hervorzuheben ist der dunkelviolette, leuchtende Blütenboden. Man könnte meinen, in jeder Blüte sitzt ein Edelstein. Alle Sorten dieser Serie blühen ohne vorherige kühle Temperaturen. Eine sommerliche Blühpause gibt es nicht.

In den freien Pflanzlücken im Kastenzentrum zwischen **Kapkörbchen** und Margerite wird die **Aschenranke** gesetzt. Dort findet diese tolle Strukturpflanze gute Möglichkeiten, ihre grazilen, silbrig-weißgrünen Triebe in alle Richtungen zu senden. In diesem Fall empfehlen wir, die Sorte 'Mini-Silver' zu verwenden, weil die starkwachsenden Sorten dieser Art zu dominant werden könnten.

Ein Blickfang in der vorderen Reihe sind die Nemesien. Der **Elfenspiegel** (Nemesie) entwickelt unzählige kleine Blüten, die an doldenartigen Trauben sitzen. Farblich wunderbar abgestimmt, schmückt sich die Sorte 'Pineapple' im hellen cremegelben Festtagskleid. Von Weitem ist man fast geneigt zu glauben, der kleine »Frechdachs« zeigt dem Betrachter eine gelbe Zunge.

Der **Husarenknopf** findet im vorderen Kasteneck seinen ihm angestammten Lieblingsplatz. Dort fällt es dieser Pflanze besonders leicht, ihre gelben Blütenkissen zu entwickeln und später zur Hängepflanze zu werden.

Wie Sie pflegen

Die **Strauchmargeriten** lieben, wie alle anderen Pflanzen in diesem Blumenkasten, einen warmen und sonnigen Standort. Die Grundlage für üppiges Wachstum und reiche Blütenbildung ist, wie so oft, die sorgfältige Pflege. Strauchmargeriten gehören zu den sogenannten »Starkzehrern«, also zu den Pflanzen, die reichlich Wasser und vor allem regelmäßig Nahrung für sich einfordern. Nur dann zeigen sie ihren wahren Blütenreichtum. Schon eine kurze Trockenphase kann zum Eintrocknen der Knospen oder dem vorzeitigen Abblühen führen. Danach benötigen die Pflanzen eine gewisse Erholungsphase, bis die gewünschte Attraktivität wieder zurückkehrt. Nicht nur in diesem Fall lohnt es sich, die verblühten Blumen abzusammeln, um die Neuentwicklung der Pflanzen zu beschleunigen.

Die **Kapkörbchen** sind ausdauernde Blüher ohne große Ansprüche. Sie lieben die Sonne und das Licht, nur dann sind sie wirklich motiviert, ihre makellose Schönheit zu zeigen. Bei Regen oder Dunkelheit schließen die Kapkörbchen kurzerhand ihre Blüten, um sie bei Sonne wieder zu öffnen.

Der **Husarenknopf** bevorzugt ebenfalls den hellen Standort. Im Schatten bleiben die Blüten eher verborgen. Die Pflanzen bevorzugen eine ausgeglichene Wasserversorgung, dafür bieten sie bei stressfreiem Wachstum große gelbe Blumenkissen.

Die **Elfenspiegel** lieben sonnige bis halbschattige, aber warme Plätzchen. Diese äußerst zerbrechlich wirkende Pflanze ist viel robuster als erwartet.
Die Blüten erscheinen von Mai bis zu den ersten Nachtfrösten. Die neuen Sorten setzen erfreulicherweise keine Samen an, sodass die Haltbarkeit der Einzelblüten deutlich verbessert ist. Die Blüten erscheinen ab Mai. Sollte eine Blühpause auftreten, darf ruhig auch mal gestutzt werden. Die Pflanzen danken es in jedem Fall mit neuem Austrieb und reichlich Blüten bis spät in den Herbst hinein.

Die **Aschenranke** kennt man allen widrigen Wettereinflüssen trotzend als äußerst widerstandsfähige Strukturpflanze. Wenn das Wachstum nicht zu zügeln ist, greift man notfalls zur Schere.

Tipp

Statt *Helichrysum petiolare* 'Mini-Silver' kann auch der Gundermann oder ein Mottenkönig als Strukturpflanze verwendet werden. Strauchmargeriten gedeihen am besten in voller Sonne, bei reichlich Düngung und regelmäßigen Wassergaben.

Gelb: sonnige Dauerblüher

Eine gelbe Rabatte strahlt mit der Sonne um die Wette. Gelb ist die hellste und leuchtendste Farbe, stets erregt sie Aufmerksamkeit. Gelb beginnt besonders dann zu leuchten, wenn es vor einem dunklen Hintergrund eingesetzt wird.

Die Leuchtkraft von Gelb sollte man nutzen, um Blickpunkte im Garten zu setzen oder um bestimmte Bereiche besonders zu betonen. An Pflanzen bietet sich dazu eine Fülle im Sommer gelb blühender Stauden mit ähnlichen Ansprüchen an, die sich wunderbar kombinieren lassen. Durch die Schlichtheit einer einfarbigen Pflanzung wie in diesem Gestaltungsvorschlag wird den unterschiedlichen Blütengrößen und -formen mehr Beachtung geschenkt. Auflockernd wirken auch die grazilen Blütenrispen der dazwischengesetzten Gräser.

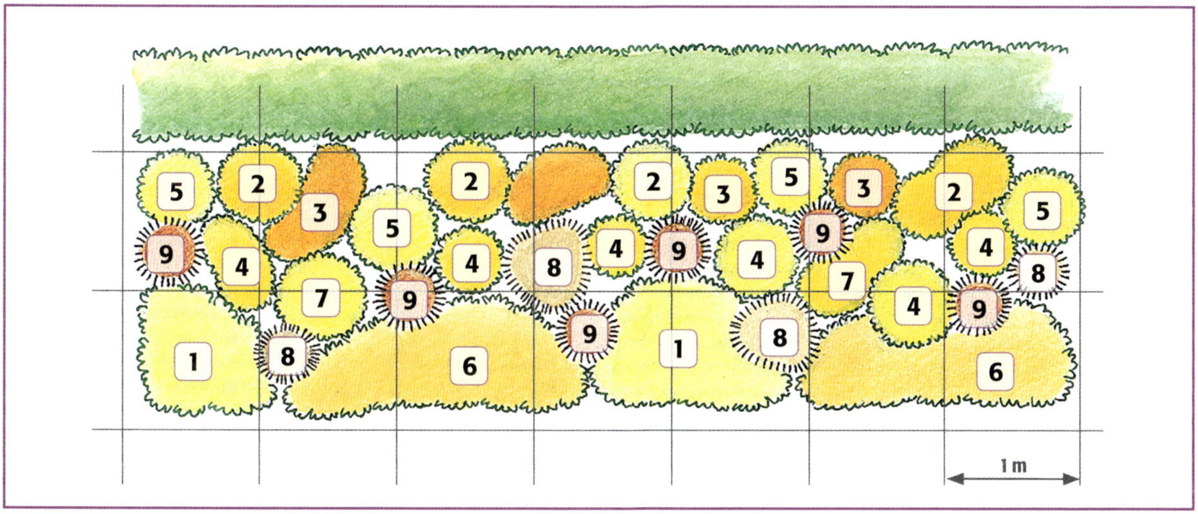

Was Sie brauchen

1 10 × **Quirlblättriges Mädchenauge** *(Coreopsis verticillata)* 'Grandiflora'

2 4 × **Fallschirm-Rudbeckie** *(Rudbeckia nitida)* 'Herbstsonne'

3 4 × **Sonnenbraut** *(Helenium)*, gelbe Sorten, z. B. 'Goldrausch', 'Kanaria'

4 6 × **Stauden-Sonnenblume** *(Helianthus decapetalus)*

5 4 × **Sonnenauge** *(Heliopsis helianthoides)*

6 10 × **Garten-Sonnenhut** *(Rudbeckia fulgida)* 'Goldsturm'

7 2 × **Pracht-Goldrute** *(Solidago)*

8 4 × **Gartensandrohr** *(Calamagrostis × acutiflora)* 'Karl Foerster'

9 6 × **Ruten-Hirse** *(Panicum virgatum)* 'Strictum'

Was Sie auch nehmen können

Statt **2** **Goldball-Sonnenhut** *(Rudbeckia laciniata)* 'Goldball'

Statt **2** **Weidenblättrige Sonnenblume** *(Helianthus salicifolius)*

Statt **4** **Rotstiel-Sonnenblume** *(Helianthus atrorubens)* 'Monarch'

Die Pflanzung ist vorwiegend aus Stauden der Korbblütler-Familie aufgebaut. Zwischen den margeritenähnlichen Blüten von Sonnenauge, Stauden-Sonnenblume, Sonnenbraut und Garten-Sonnenhut bringen die fedrigen Rispen der Pracht-Goldrute daher eine willkommene Abwechslung.

Wie Sie pflanzen

Dieses gelbe Blütenmeer lässt sich nur an vollsonnigen Standorten verwirklichen. Alle verwendeten Stauden sind Sonnenkinder und entwickeln nur dann ihre lang andauernde Blütenpracht. Variationsmöglichkeiten bietet auch die Blütenfüllung.

Einheitlich sind auch die Bodenansprüche. Ideal ist ein frischer, lehmiger Boden, der nährstoffreich und durchlässig ist. Ungeeignet sind leicht austrocknende Böden. Diese müssen mit reichlich Kompost verbessert werden.

Besonders wirkungsvoll ist diese Rabatte vor einem dunklen Hintergrund. Einen wirkungsvollen Rahmen bildet eine geschnittene Hecke, z. B. aus Hainbuche *(Carpinus betulus)*, Rot-Buche *(Fagus sylvatica)* oder auch Gewöhnlicher Eibe *(Taxus baccata)*.

Bei der Pflanzung sollten Sie den Wuchshöhen Beachtung schenken. Staffeln Sie entsprechend der Höhe, damit alle Stauden gut besonnt werden und richtig zur Geltung kommen.

In den Vordergrund gehören das **Quirlblättrige Mädchenauge** und der **Garten-Sonnenhut**. Beide Stauden pflanzt man in kleineren Gruppen, sodass die niedrigen Horste einen schönen Beetabschluss bilden.

Am höchsten wird die **Fallschirm-Rudbeckie**, man pflanzt sie deshalb in den Hintergrund. Ideal ist es, wenn sie sich an einen Zaun oder eine Hecke anlehnen kann.

Die **Ruten-Hirse** schlängelt sich als Band durch die Pflanzung. Die schmalen Blätter und die zierlichen Blütenrispen setzen einen willkommenen Kontrast innerhalb der Pflanzung.

Das straff aufrecht wachsende **Gartensandrohr** setzt ebenfalls Akzente, es kommt durch die sich wiederholenden Dreiergruppen besonders gut zur Geltung.

Die beiden Sonnenhüte und die Stauden-Sonnenblume blühen unermüdlich um die Wette.

Wie Sie pflegen

Die verwendeten Stauden sind so einfach zu handhaben, dass sie auch dem Gartenneuling keine Schwierigkeiten bereiten. Alle Arten sind pflegeleicht und können über Jahrzehnte am selben Standort verbleiben.

Stauden-Sonnenblume, **Sonnenauge**, **Sonnenbraut** und **Garten-Sonnenhut** sind unermüdliche Dauerblüher, wenn die verblühten Blüten regelmäßig ausgeschnitten werden.

Die Blütenstände der **Pracht-Goldrute** werden nach dem Verblühen ebenfalls ausgeschnitten, hier jedoch um das Versamen zu vermeiden. Man entfernt nur den Blütenstand, das Laub bleibt erhalten. So entstehen keine Lücken in der Pflanzung, und die Pflanzen bleiben kräftig. Durch das Ausschneiden wird vermieden, dass Sämlinge der Goldrute auftauchen.

Die **Fallschirm-Rudbeckie** sollte aufgrund der Wuchshöhe gestäbt werden. Als Alternative dazu kann man die Triebe im Juni auf die halbe Höhe zurückschneiden. Durch das Abzwicken der Triebspitzen werden die Verzweigung, also die Seitentriebbildung und der Blütenansatz gefördert. Als Ergebnis bleiben die geschnittenen Stauden niedriger sowie kompakter und somit standfester. Als Begleiterscheinung verzögert sich allerdings die Blütezeit um 10–20 Tage. Eine Folgeerscheinung, die auch gezielt zur Verlängerung des Blütenreigens eingesetzt werden kann. Lohnenswert ist der Vorblüteschnitt auch bei Sonnenauge, Sonnenbraut, Stauden-Sonnenblume und Quirlblättrigem Mädchenauge.

Tipp

Die Sortimente von Sonnenauge, Stauden-Sonnenblume und Pracht-Goldrute zeigen keine große farbliche Variationsbreite. Alle Sorten sind gelb blühend, sie unterscheiden sich nur durch Farbnuancen und die Blütenform. Es gibt ungefüllte, halbgefüllte und gefüllte Sorten.

Wenn mehr Farbe gefragt ist, gibt es auch rot blühende Sonnenbraut-Sorten.

Gelb-Orange für gute Laune

Diesem fantastischen Blütenmeer aus Orange mit roten und gelben Farbtupfern kann man einfach nicht widerstehen. Das ausgelassene Spiel mit den warmen Farben weckt die pure Lebensfreude und verbreitet gute Laune. Eigentlich eine sehr schöne Möglichkeit, den Sorgen des Alltags, zumindest für eine gewisse Zeit, zu entfliehen. Langeweile ist hier jedenfalls nicht angesagt.

Die Sympathieträger

Freundlich lacht die Kapuzinerkresse vom Balkon. Ganz unbewusst gewinnt sie allein durch ihre Ausstrahlung alle Sympathien. Die Mittagsblume öffnet ganz weit ihre großen orangefarbenen Blüten. Das zauberhafte Kapkörbchen zieht, wie selbstverständlich, alle Blicke auf sich. Zusammen mit den Zinnien entsteht eine angenehme Stimmung, bei der man sich sofort wohl fühlen

Was Sie brauchen

1 2 × **Kapkörbchen** *(Osteospermum ecklonis)* Symphony 'Orange', orange

2 1 × **Zier-Tabak** *(Nicotiana × sanderae)* 'Tuxedo Red', rot

3 2 × **Zinnie** *(Zinnia angustifolia)* 'Classic', orange

4 1 × **Nachtkerze** *(Oenothera fruticosa)* 'African Sun', gelb

5 2 × **Mittagsblume** *(Gazania* Hybriden) 'Czardas Orange', orange

6 2 × **Kapuzinerkresse** *(Tropaeolum majus)* 'Alaska', orange-gelb

Was Sie auch nehmen können

Statt **2** 1 × **eine starkwachsende, stehende Geranie** *(Pelargonium zonale)*, rot

Statt **4** 1 × **Zweizahn** *(Bidens ferulifolia)*, 'Flair' gelb

Statt **6** 2 × **Kapuzinerkresse** *(Tropaeolum majus)* 'Banana Split', gelb mit roten Farbklecksen. Beide Sorten sind besonders empfehlenswert

Ebenfalls ein sonnig-fröhlicher Anblick: Kapuzinerkresse und Zinnien mit kleinen Sonnenblumen.

muss. Wirklich komplett wird diese fröhliche Blütengesellschaft erst mit dem roten Tabak und der gelben Nachtkerze.

Wie Sie pflanzen

Dieser Blumenkasten wird vorwiegend in Orange gepflanzt. Die »Zutaten« dafür sind zwei Pflanzen vom Kapkörbchen, zwei von der Kapuzinerkresse, zwei Mittagsblumen und zwei Zinnien. Die Anzahl der Pflanzen deutet bereits darauf hin, dass in strenger Symmetrie gepflanzt werden soll. Auf der Symmetrieachse sitzen der Tabak und die Nachtkerze.

Wie ein Fels in der Brandung erhebt sich der rote **Zier-Tabak** aus der hinteren Reihe. Dort dient er der optischen Orientierung und gestattet den niedrigeren Pflanzen, sich anzulehnen. Dies nutzen die schlanken **Zinnien** gerne und fühlen sich sichtlich wohl. Die zierlichen Dauerblüher erweisen sich als erstaunlich regenfest und produzieren Blüten bis zum ersten Frost. Daneben finden die **Kapkörbchen** ausreichend Platz, um sich in voller Pracht zu entwickeln. Die Symphony-Sorten sind äußerst bemerkenswerte Züchtungen, die ohne Pause unermüdlich blühen. Neben Orange sind auch noch andere Farben verfügbar, vor allem Gelbtöne.

In der Pflanzreihe davor findet die gelbe **Nachtkerze** ihren Lieblingsplatz, um sich weit nach vorne zu lehnen. Die zitronengelben Blüten werden sich nicht nur in der Nacht, sondern auch tagsüber in ihrer ganzen Schönheit zeigen.

Für die **Mittagsblumen** ist der Platz daneben reserviert. Am besten leicht nach hinten versetzt pflanzen, um den Kontakt zu den Zinnien und vor allem zum Tabak zu erhalten. Auf diese Art und Weise wird der Übergang zwischen den Pflanzreihen sehr gut gefunden und es ergibt sich ein harmonisches Gesamtbild.

Der **Kapuzinerkresse** bleibt der vordere Kastenrand. Ganz außen gepflanzt, werden sie zunächst noch aufrecht wachsen, aber schon bald den Wuchscharakter einer Hängepflanze annehmen und übermütig über den Kastenrand springen. Wer mag, kann die essbaren Blüten zur Dekoration in frischen Sommersalaten oder die noch jungen Knospen als Kapernersatz in der Küche verwenden.

Wie Sie pflegen

Der **Zier-Tabak** blüht ohne viel Pflegeaufwand zuverlässig von Mai bis in den Spätherbst. Nach dem ersten Blühhöhepunkt meist im Juli sollte man sich aber dennoch die Zeit nehmen, um die verblühten Blüten abzunehmen. Der Tabak dankt es mit einem neuen kräftigen Blütenschub.

Die einfach blühenden **Zinnien** sind im Gegensatz zu ihren gefüllt blühenden Schwestern ausgesprochen regenfest. Aber auch hier lohnt es sich, die abgeblühten Blumen zu entfernen, um die Samenbildung zu unterbinden.

Unsere verwendeten Sorten der **Kapkörbchen** sind echte Frühblüher ohne die sonst üblichen »Sommerpausen«. Hier unterscheidet sich die Symphony-Serie ganz erheblich von ihren Verwandten. Kapkörbchen sind, wie auch die Mittagsblumen, richtige »Schlafmützen« und »Langschläfer«. Erst wenn die Sonne die »Nase kitzelt«, erwachen sie von der Nachtruhe und öffnen ihre Blüten. Also nach Möglichkeit den Balkonkasten zur Morgensonne hin ausrichten, damit sie nicht den ganzen Morgen verschlafen.

Die **Mittagsblumen** sind pflegeleichte Zeitgenossen. Ab und zu verblühte Blumen ausschneiden, das erhält den Glanz und forciert das Nachblühen.

Die **Nachtkerzen** und die **Kapuzinerkresse** in diesem Balkonkasten kommen erfreulicherweise ganz ohne individuelle Pflegemaßnahmen aus. Wenn möglich, sollte man sich bei der Düngung der Kapuzinerkresse auf seinen persönlichen »grünen Daumen« verlassen. Hungrige Pflanzen produzieren Blüten über Blüten. Stark gedüngte Pflanzen präsentieren sich kräftig grün und mastig, aber die Blühfreudigkeit lässt merklich nach. Wünschenswert wäre das ausgewogene Mittelmaß, Fingerspitzengefühl eben.

Tipp

Bei der Sortenwahl von *Nicotiana × sanderae* muss auf die Wuchshöhe geachtet werden – aus zwei Gründen: Einerseits sollte der optische Kontakt zu den Nachbarpflanzen erhalten bleiben, andererseits erhöht sich mit zunehmender Pflanzenhöhe die Windbruchgefahr.

Gelb-Orange: Sonnenuntergang im Beet

Die prachtvollen Farben eines Sonnenuntergangs können Sie einfangen, indem Sie Stauden in warmen Gelb-, Orange-, Rot- und Kupfertönen kombinieren. Gelb, Orange und Rot liegen auf dem Farbkreis nebeneinander und bilden eine warme Farbharmonie. Doch erst in der Kombination entfalten diese warmen Farben ihre ganze Kraft und Intensität. Viele sommerblühende Stauden zeigen diese Farbpalette. Schon die volkstümlichen Namen Sonnenhut, Sonnenauge, Sonnenbraut spiegeln ihre Leuchtkraft wider. Viele dieser Stauden bilden Körbchenblüten aus; daher bringen die fedrigen Blütenrispen der Pracht-Goldrute eine willkommene Abwechslung in der Blütenform. Akzente setzen auch die Gräser. Das Gartensandrohr ziert durch seinen aufrechten Wuchs, während die Ruten-Hirse durch ihre fantastisch rote Herbstfärbung der Pflanzung einen

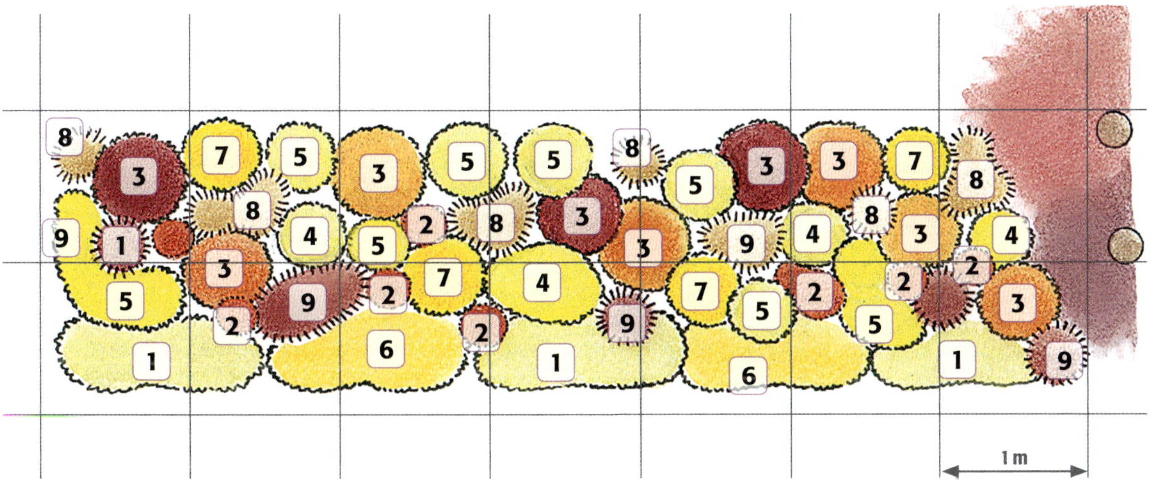

Was Sie brauchen

1 15 × **Quirlblättriges Mädchenauge** *(Coreopsis verticillata)* 'Grandiflora'

2 9 × **Kokardenblume** *(Gaillardia)* z. B. 'Burgunder', 'Kobald', 'Tokajer'

3 9 × **Sonnenbraut** *(Helenium)*, verschiedene Sorten in Rot, Orange und Braunrot, z. B. 'Moerheim Beauty', 'Mahagoni', 'Waltraud'

4 4 × **Stauden-Sonnenblume** *(Helianthus decapetalus)*

5 8 × **Sonnenauge** *(Heliopsis helianthoides)*

6 6 × **Garten-Sonnenhut** *(Rudbeckia fulgida)* 'Goldsturm'

7 6 × **Pracht-Goldrute** *(Solidago)*

8 9 × **Gartensandrohr** *(Calamagrostis × acutiflora)* 'Karl Foerster'

9 6 × **Ruten-Hirse** *(Panicum virgatum)* 'Rotstrahlbusch' oder 'Hänse Herms'

Was Sie auch nehmen können

Statt **4** **Rotstiel-Sonnenblume** *(Helianthus atrorubens)* 'Monarch'

Statt **5** **Fallschirm-Rudbeckie** *(Rudbeckia nitida)* 'Herbstsonne'

Statt **8** **Ruten-Hirse** *(Panicum virgatum)* 'Strictum'

besonderen Reiz verleiht. Herbstfärbende Gehölze untermalen diese stimmungsvolle Kulisse.

Wie Sie pflanzen

Diese unermüdlich blühenden Sommerblüher brauchen einen vollsonnigen Standort und einen frischen, nährstoffreichen Boden. Ideal ist ein lehmiger Boden, der genügend Feuchtigkeit speichert und ausreichend durchlässig ist. Das Sortiment der **Sonnenaugen** und auch der **Stauden-Sonnenblumen** bietet zwar nur gelb blühende Sorten, dafür unterscheiden sie sich in der Blütenform. Es gibt einfache, halbgefüllte und gefüllte Sorten, die wie Blütenbälle wirken. Auch bei der **Sonnenbraut** haben Sie die Auswahl unter vielen Sorten. Das Farbspektrum reicht von Gelb, Orange, Rot bis Braunrot einschließlich vieler Zwischentöne. Viele Sorten sind auch zweifarbig. Zusätzlich unterscheiden sich die Sorten auch in Wuchshöhe und Blütezeit. Alle Sorten harmonieren farblich sehr, ihre Farben spiegeln die Sonnenuntergangsfarben wider. Durch geschickte Sortenwahl kann der Blütenflor der Sonnenbraut von Juni bis September andauern.

Auch bei der **Pracht-Goldrute** gibt es zahlreiche Sorten, die sich in Blütenform und -zeit wie auch Wuchshöhe unterscheiden.

Garten-Sonnenhut und **Quirlblättriges Mädchenauge** wirken am besten, wenn man sie gruppenweise im Vordergrund des Beetes pflanzt.

Die **Kokardenblumen** lassen sich besonders gut als Füllpflanze verwenden, also dort, wo noch Lücken in der Pflanzung vorhanden sind.

Wie Sie pflegen

Im Frühjahr lockern Sie die Bodenverkrustungen des Winters und düngen mit 80 g/m² eines Volldüngers.

In Trockenperioden sollten Sie ausreichend wässern.

Bei **Sonnenauge**, **Stauden-Sonnenblume**, **Sonnenbraut** und **Kokardenblume** lohnt sich das laufende

Kokardenblumen können einfarbig oder auch zweifarbig blühen.

Ausschneiden der verwelkten Blüten, da dadurch der Blütenflor verlängert wird.

Die hohen Sorten von **Sonnenauge, Sonnenbraut** und **Stauden-Sonnenblume** müssen bei Bedarf gestäbt werden, ohne den Habitus der Stauden dabei zu verändern.

Bei **Sonnenauge, Sonnenbraut, Pracht-Goldrute** und **Stauden-Sonnenblume** kann auch der sogenannte Vorblüteschnitt angewendet werden. Hierbei werden die Triebe im Juni auf die halbe Höhe zurückgeschnitten. Durch den Schnitt wird die Standfestigkeit verbessert, aber gleichzeitig wird auch die Blüte um etwa 10–20 Tage verzögert. Eine Folgeerscheinung, die auch gezielt zur Verlängerung des Blütenreigens eingesetzt werden kann.

Die **Gräser** sollten Sie erst im Frühjahr zurückschneiden, damit das eingetrocknete Laub die Horste vor Winternässe schützen kann.

Die **Pracht-Goldruten** sollten Sie nach der Blüte ausschneiden, da sie sich sonst stark versamen können.

Alle verwendeten Arten und Sorten mit Ausnahme der **Kokardenblume** sind langlebig und pflegeleicht. Sie können jahrelang am selben Platz verweilen, ohne an Schönheit zu verlieren

Die **Kokardenblume** ist kurzlebig, ihre Lebensdauer wird erhöht, wenn man die Pflanze im September bis auf die Basis zurückschneidet. Damit fördern Sie die Bildung von überwinternden Grundtrieben für den nächsten Frühling.

Tipp

Nutzen Sie die Sortenvielfalt, die Ihnen Sonnenauge, Stauden-Sonnenblume, Sonnenbraut und Pracht-Goldrute bieten. Bei der Auswahl beachten Sie auch die Wuchshöhen der Sorten, damit alle Sorten durch die Höhenstaffelung ins rechte Licht gesetzt werden.

Eine harmonische Abfolge warmer Blütenfarben in Rot, Orange und Gelb.

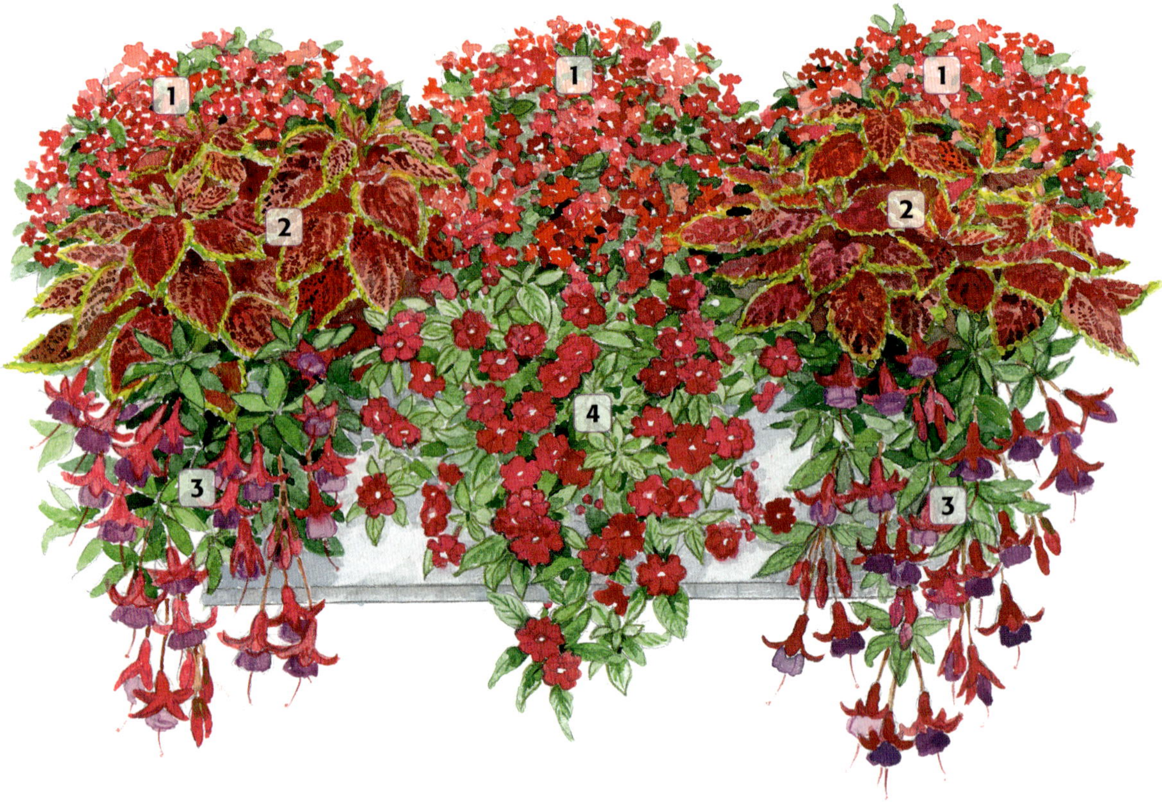

Rot: feuriger Blütenzauber

Blutrot, Purpur und Karmin, dazwischen dunkellila Farbtupfer, entfalten einen unverwechselbaren Blütenzauber. Voller Temperament vereinen sich Blüten und Blattzeichnungen in leidenschaftlicher Hingabe. Eine seltsame Energie umgibt den Schattenplatz und wird fühlbar, wie eine heiße Sommernacht in Madrid. Hier lässt man sich gerne nieder, um den Abend ausklingen zu lassen.

Extravagante Laubfärbung

In diesem Blumenkasten bilden durchwegs zuverlässige Blüher eine Gemeinschaft, aber die Strukturpflanze, die Buntnessel, übernimmt eine für sie ungewöhnliche Leitfunktion. Die extravagante Laubfärbung – samtig purpurn, schwarzrot gerandet mit karminroter Aderung – wird zum magischen Blickfang. Es entsteht eine wunderbare Verbindung aus kräftigen Farben, die

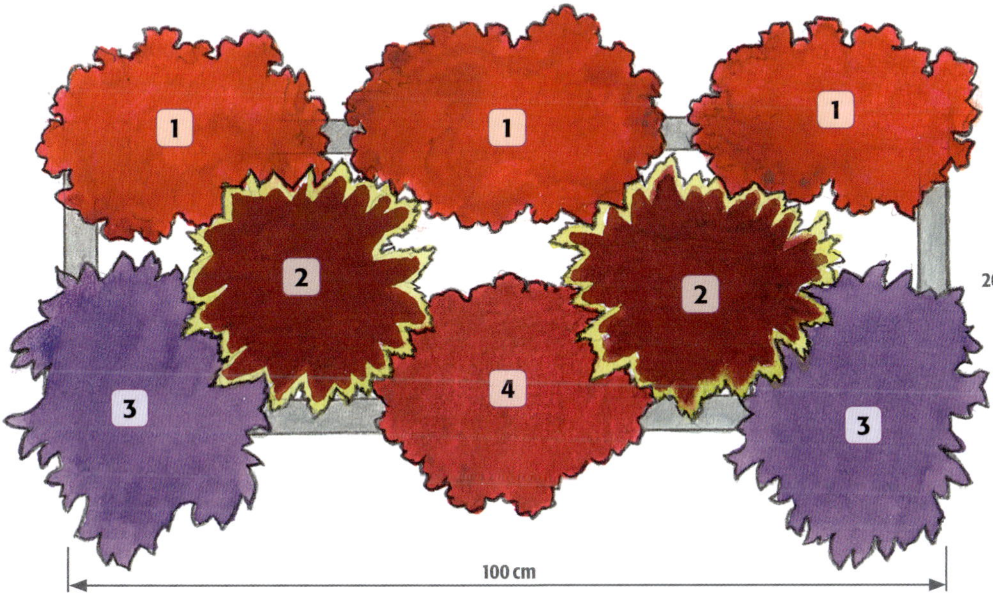

Was Sie brauchen

1 3 × **Fleißiges Lieschen** *(Impatiens*-Hybriden) 'Firefly Red', rot

2 2 × **Buntnessel** *(Plectranthus scutellarioides)* 'Wizard Velvet Red', samtig dunkelrot

3 2 × **Fuchsie** *(Fuchsia*-Hybriden) 'Dollarprinzessin', Krone rot, Kelchblätter dunkellila, gefüllt

4 1 × **Edel-Lieschen** *(Impatiens*-Neuguinea-Hybriden) Paradise 'Martinique', karminrot

Was Sie auch nehmen können

Statt 2 2 × **Buntnessel** *(Plectranthus scutellarioides)* 'Kingwood Torch'

Statt 4 1 × **Edel-Lieschen** *(Impatiens*-Neuguinea-Hybride) aus der Sunpatiens-Serie, magentarot

Mit knallroten Begonien und rotlaubigem Purpurglöckchen sorgen Buntnesseln für Feuer im Schatten.

dem gesamten Blumenkasten einen Hauch von Exotik verleiht.

Wie Sie pflanzen

In diesem Blumenkasten dominiert das temperamentvolle Rot. Eine herausragende Stellung nehmen dabei die **Buntnesseln** ein. Aufgrund der Wuchsform gehören sie sicherlich in die hintere Reihe gepflanzt. In unserem Beispiel sind sie allerdings etwas nach vorne gesetzt und erhalten damit eine sehr zentrale Position. Gepflanzt werden kräftige Jungpflanzen mit reichlichen Seitentrieben. Scheuen Sie sich nicht, die Buntnessel noch bei der Pflanzung leicht zu stutzen, damit entwickeln sich die Pflanzen buschiger und bleiben kompakt. Für unseren speziellen Balkonkasten ist eine

Sorte mit samtig schwarzroten Blatträndern, die zur Blattmitte hin karminrot mit dunkler Aderung auslaufen, gewählt worden.

In dieses fantastische Farbenspiel passt genau das kräftige Rot der kleinblumigen **Fleißigen Lieschen,** die in der hinteren Reihe zu finden sind. Sie erreichen zwar nicht ganz die Höhe der Buntnessel, aber der kugelige Pflanzenaufbau fügt sich harmonisch in das Gesamtkonzept. Darüber hinaus ergeben die zahllosen Einzelblüten eine einzigartige Blütenfülle.

In der Mitte der vorderen Reihe stehen die karminroten Paradise-Neuguinea-*Impatiens*. Dieses **Edel-Lieschen** entwickelt nicht nur viele große Einzelblüten, sondern blüht zuverlässig bis in den Herbst hinein. Der Pflanzenaufbau bleibt auch bei starker Verzweigung fast kugelig, ganz im Gegensatz zu den am Kastenrand gepflanzten **Fuchsien.** Die hängend wachsende Sorte 'Dollarprinzessin' besitzt rote Kelch- und wunderschön lilafarben gefüllte Kronblätter. Die Sortenwahl richtet sich hier hauptsächlich nach der gewünschten Farbe und dem Wuchscharakter. Fuchsien haben diesbezüglich sehr viel zu bieten. Im deutschsprachigen Raum werden etwa 2000 Sorten kultiviert.

Wie Sie pflegen

Die **Fleißigen Lieschen** sind Stecklings-Impatiens mit unzähligen kleinen Blüten. Noch sind sie mehr auf Freilandbeeten zu finden, als im Balkonkasten. Keiner weiß so recht warum! Am Pflegeaufwand kann es nicht liegen, da sie nicht mehr verlangen, wie zum Beispiel die hier ebenfalls verwendeten **Edel-Lieschen.** Reichlich Wasser und Dünger sind die besten Voraussetzungen für eine prachtvolle Pflanzenentwicklung. Bei Trockenheit lassen sie alle Triebe schlapp nach unten hängen, stehen aber wieder auf, wenn sie gewässert werden. Die Firefly-Lieschen, übrigens auch die Edel-Lieschen, können nach der Balkonsaison auf dem Fensterbrett überwintert oder neue Stecklinge entnommen und wieder bewurzelt werden. So bleiben die Pflanzen scheinbar ewig erhalten.

Die **Buntnesseln** sind sehr pflegeleichte und dankbare Strukturpflanzen. Besonders im Schatten und Halbschatten erweisen sich die Buntnesseln als sehr wüchsig und laufen erst gar nicht Gefahr, einen Sonnenbrand zu erleiden. Wenn die Pflanzen zu hoch werden, scheuen Sie sich nicht, den Mitteltrieb einzukürzen. Der Pflanzenaufbau profitiert davon.

Fuchsien gehören zu den klassischen, Schatten liebenden Balkonpflanzen. Um sie bei Blühlaune zu halten, ist es unerlässlich, die Pflanzen regelmaßig mit Nährstoffen und Wasser zu versorgen. Dabei empfiehlt es sich, Nährsalze zu verwenden, die kalibetont zusammengesetzt sind. Um Blühpausen so kurz wie möglich zu halten, werden verblühte Blüten oder schon entwickelte Fruchtansätze entfernt. Bei dieser Gelegenheit sollte auf Pilz- und Schädlingsbefall kontrolliert werden. Grauschimmel oder Rostpilze treten verstärkt auf, wenn die Pflanzen geschwächt oder unzureichend versorgt sind. Eine gewisse Anfälligkeit gegenüber Weißer Fliege, Roter Spinne und Blattläusen ist zu beobachten.

Tipp

Statt Neuguinea-*Impatiens* bringt ein Männertreu *(Lobelia erinus)* Laguna 'Compact Blue with Eye' einen willkommenen blauen Farbtupfer in dieser Kastengestaltung.

Feuerrot – ein Beet voller Kraft

Grün ist die dominante Farbe im Garten und Rot ihre Komplementärfarbe: Zusammen bilden diese Farben eine einzigartige Spannung; man muss allerdings auf das Gleichgewicht zwischen Blüten und Blättern achten. Rot ist mit Grün beeindruckend, aber kombiniert mit rotem, bronze- und kupferfarbigem Blattwerk herausragend in seiner Wirkung. Pflanzen Sie einen schwarzrotlaubigen Perückenstrauch *(Cotinus coggygria* 'Royal Purple') in den Hintergrund, so können Sie davor feurigrot blühende Sorten von Türkischem Mohn *(Papaver orientale)*, Taglilien *(Hemerocallis)* oder Purpursonnenhut *(Echinacea)* wirkungsvoll in Szene setzen. Ein regelmäßiger Gehölzschnitt im Frühjahr verstärkt die schmuckvolle Belaubung des Perückenstrauches hinsichtlich Blattgröße und Farbintensität. Als Alternativen können der rotlaubige Judasbaum,

Feuerrot – ein Beet voller Kraft

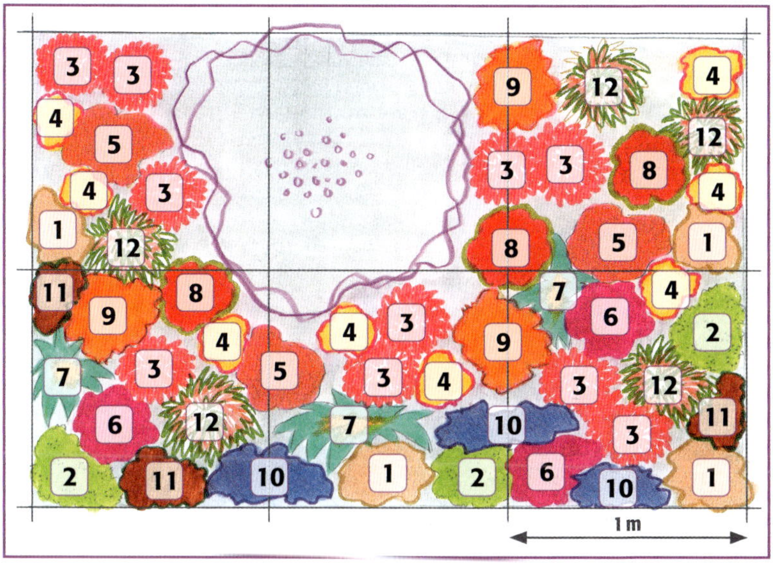

Was Sie brauchen

1 4 × **Pracht-Garbe** *(Achillea)* 'Terracotta'

2 3 × **Schleier-Frauenmantel** *(Alchemilla mollis)*

3 10 × **Purpursonnenhut** *(Echinacea)* 'Hot Papaya'

4 8 × **Kokardenblume** *(Gaillardia)* 'Tokajer'

5 3 × **Sonnenbraut** *(Helenium)* 'Indianersommer'

6 3 × **Taglilie** *(Hemerocallis)*, z. B. 'Hexenritt', 'Berlin Oxblood', 'Aabachee'

7 7 × **Hohe Bart-Iris** *(Iris* Germanica-Gruppe), z. B. 'Feu du Ciel', 'Coup de Soleil'

8 3 × **Türkischer Mohn** *(Papaver orientale)* 'Beauty of Livermere'

9 3 × **Indianernessel** *(Monarda)* 'Gardenview Red'

10 9 × **Hain-Salbei** *(Salvia nemorosa)* 'Caradonna'

11 3 × **Garten-Fetthenne** *(Sedum)* 'Karfunkelstein'

12 5 × **Ruten-Hirse** *(Panicum virgatum)* 'Rotstrahlbusch'

Was Sie auch nehmen können

Statt **1** **Pracht-Garbe** *(Achillea)* 'Feuerland'

Statt **2** **Purpurglöckchen** *(Heuchera)*, z. B. 'Obsidian', 'Plum Pudding', 'Purple Petticoats'

Statt **3** **Purpursonnenhut** *(Echinacea)* 'Hot Summer' oder 'Tomato Soup'

Statt **4** **Kokardenblume** *(Gaillardia)* 'Burgunder'

Statt **5** **Sonnenbraut** *(Helenium)* 'Baudirektor Linne' oder 'Sahin's Early Flowerer'

Statt **9** **Türkischer Mohn** *(Papaver orientale)* 'Türkenlouis'

Statt **10** **Indianernessel** *(Monarda)* 'Squaw', 'Jacob Cline' oder 'Kardinal'

Große Energie geht vom kräftigen Rot der Zinnien, der Taglilie und ihrer Begleiter aus.

(Cercis canadensis 'Forest Pansy') oder die Blut-Berberitze *(Berberis thunbergii* 'Atropurpurea') gepflanzt werden. Die rotlaubigen Sträucher wirken beruhigend, sie können auch zwischen den verschiedenen warmen und kalten Rottönen innerhalb der Pflanzung vermitteln.

Bereits im Frühjahr können Sie mit Zwiebelpflanzen feurigrote Farbakzente setzen. Das Tulpen-Sortiment bietet eine unglaubliche Vielfalt an Sorten, die bei geschickter Sortenwahl bis zum Blühbeginn der Stauden durchblühen.

Wie Sie pflanzen

Dieses Beet kommt nur in voller Sonne wirkungsvoll zur Geltung. Rotblühende Stauden sollten so positioniert werden, dass sie viel vom Nachmittags-Sonnenlicht abbekommen. Die tiefstehende Sonne wird die Blüten und Blätter anstrahlen, sodass sie wie in Flammen stehen. Die roten Blätter des Perückenstrauches, die eigentlich als Hintergrund verwendet werden, fangen in diesem Sonnenlicht an zu leuchten und treten hervor.

Nach guter Bodenvorbereitung sollte die Pflanzung im späten Frühjahr erfolgen, damit alle Stauden vor dem ersten Winter gut angewachsen sind. Die **Iris** werden in kleinen Dreiergruppen gepflanzt, ebenso der **Hain-Salbei**. Alle anderen Stauden werden einzeln verwendet. Pflanzen Sie **Türkischen Mohn** nicht in den Vordergrund, sondern besser in den mittleren bis hinteren Beetbereich. Der **Türkische Mohn** zieht nach seiner imposanten Blüte ein und bildet nur noch eine kleine Blattrosette, sodass Lücken in der Pflanzung entstehen, die bei geschickter Anordnung von anderen Stauden verdeckt werden können.

Bei einigen der verwendeten Stauden, vor allem bei **Hoher Bart-Iris**, **Taglilien** und **Purpursonnenhut**, gibt es eine Vielzahl von Sorten mit orangefarbenen bis feurig roten Blüten. Ihre Pflanzung wirkt ruhiger, wenn Sie jeweils nur eine Sorte verwenden und diese wiederholt in der Pflanzung einsetzen. Beruhigend wirken auch die violettblütigen Salbeigruppen.

Verwenden Sie **Kokardenblumen** als Füllpflanze, also dort wo Lücken in der Pflanzung verbleiben. Als schmuckvolle Alternative kann *Crocosmia* 'Lucifer' als Füllpflanze sommerliche Akzente setzen. Das schöne grafische Laub der Montbretie wird nur durch ihre prächtigen scharlachroten Trompetenblüten übertroffen. Sommerblühende Zwiebelpflanzen werden im Frühjahr gepflanzt, warten Sie das erste Jahr ab, beobachten Sie die Pflanzung und pflanzen Sie die Crocosmia-Knollen dann gezielt in die vorhandenen Lücken.

Wie Sie pflegen

Taglilien und **Hohe Bart-Iris** bilden keinen schönen Fruchtschmuck aus, sodass die Fruchtstände nach der Blüte ausgeschnitten werden sollten. Remontierende Stauden wie **Hain-Salbei**, **Schleier-Frauenmantel** und **Pracht-Garbe** schneiden Sie nach der Blüte komplett bodennah zurück. Nach wenigen Tagen treiben sie erneut aus und zeigen etwa ab September einen zweiten Blütenflor.

Auch der **Türkische Mohn** wird nach der Blüte komplett zurückgeschnitten, denn die Fruchtstände sind wenig dekorativ und eignen sich nicht als Trockenblumen wie verwandte Arten. Anders als bei remontierenden Stauden treibt beim Türkischen Mohn nach dem Schnitt lediglich eine Blattrosette aus, eine zweite Blüte gibt es bei Sorten von *Papaver orientale* nicht.

Das ***Echinacea*-Sortiment** ist in den letzten Jahren stark erweitert worden. Es sind viele neue Sorten mit sehr schönen Formen und Farben entstanden. Alle Sorten sind überaus reich- und langblühend. Die Blüten sind ein wahrer Magnet für Bienen und die Fruchtstände sind auch über den Winter sehr dekorativ. Die neuen Sorten sind winterhart, im ersten Jahr nach der Pflanzung empfiehlt sich jedoch in rauen Lagen etwas Winterschutz.

Die **Kokardenblumen** zählen zu den kurzlebigen Stauden, dementsprechend sollten sie eigentlich nach zwei bis drei Jahren nachgepflanzt werden. Oft haben sich die anderen Stauden dann aber schon so gut entwickelt, dass auf das Nachpflanzen ganz verzichtet werden kann.

Die **Garten-Fetthenne** bleibt über den Winter attraktiv und wird erst im Frühjahr zurückgeschnitten, wenn der neue Austrieb sichtbar ist.

Die Purpursonnenhut-Sorte 'Hot Papaya' glänzt mit leuchtend roten, gefranst gefüllten Blüten.

Rot-Weiß: eine farbkräftige Mischung

Hier ist Altbewährtes und Neues kombiniert. Die Blütenfarben in kontrastreichem Rot und Weiß werden im Lauf des Sommers eine ungeheure Fernwirkung erzielen und schon von Weitem für Furore sorgen. Der hängende Wuchs der Aschenranke und der Schneeflockenblumen lassen die Pflanzung mit der Zeit herzförmig werden. Alle Pflanzen bevorzugen eine sonnige bis halbschattige Lage.

Kraftvoll und doch sanft übernehmen die Pelargonien die Führung in dieser Balkonkasten-Gestaltung. Wieder einmal erweisen sie sich als zuverlässiger Partner in der Gemeinschaft. In dieser Umgebung finden die Sommernelken schon einmal die Möglichkeit, sich in einer kurzen Blühpause auszuruhen, um später wieder über sich hinauszuwachsen. Wer das Blütenmeer der neuen Verbenen-Sorten schon kennengelernt hat, weiß es zu

Rot-Weiß: eine farbkräftige Mischung

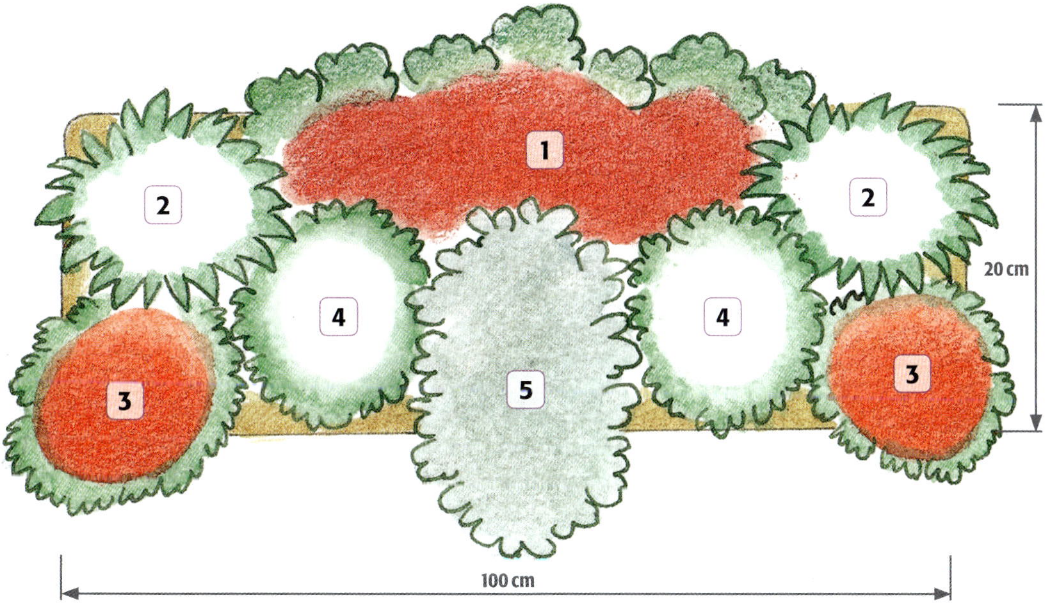

Was Sie brauchen

1 3 × **Pelargonie** *(Pelargonium zonale)* Tango 'Dark Red', samtrot

2 2 × **China-Nelke** *(Dianthus × chinensis)* 'Telstar White', weiß

3 2 × **Eisenkraut** *(Verbena-*Hybride*)* Tukana 'Scarlet', rot

4 2 × **Schneeflockenblume** *(Sutera grandiflora)* 'Blizzard', weiß

5 1 × **Aschenranke** *(Helichrysum petiolare)* 'Mini Silver', silberweiß behaartes Blatt

Was Sie auch nehmen können

Statt **3** 2 × **Elfenspiegel** *(Nemesia)* Sunsatia Plus 'Granada', samtrot

Statt **5** 1 × **Gundermann** *(Glechoma hederacea)* 'Variegata', weißbuntes Blatt

Rot-Weiß lässt sich auch mit hängenden roten Pelargonien, weißen Verbenen und weißem Salbei umsetzen.

schätzen. Das silbern glänzende Blatt der Aschenranke hat eine ganz besondere Ausstrahlung, dennoch gibt es der zarten Schneeflockenblume die Möglichkeit, sich bestens zu entwickeln.

Wie Sie pflanzen

Altbekannt, bestens bewährt und doch in einem ganz neuen Kleid, so präsentieren sich die Pflanzen dieses Blumenkastens. Die moderne **Pelargonien**-Züchtungsreihe Tango fällt dabei sofort ins Auge. Die samtroten Blüten über den dunkel gezeichneten Blättern erzielen einen ganz außerordentlichen Farbkontrast. Die Wuchsform ist sehr kompakt, deshalb ist genau darauf zu achten, dass die davor und daneben stehenden Pflanzen nicht zu hoch werden, um die Wirkung der Pelargonien nicht zu gefährden.

Die **China-Nelken** sind dabei loyale Nachbarn und halten sich sehr genau an die angedachte Höhenlinie. Die weißen zierlichen Blüten sind nicht nur äußerst attraktiv, sondern unterstützen auch die Dominanz der Pelargonie.

Sehr konsequent nimmt die vordere Pflanzreihe das Farbenspiel Rot und Weiß wieder auf, aber diesmal in umgekehrter Reihenfolge. Die scharlachroten **Verbenen** werden am Kastenrand gepflanzt, damit sie ihren hängenden Wuchscharakter auch wirklich ausleben können. Die Sorte Tukana 'Scarlet' begeistert besonders durch ihre frühen, scharlachroten Blüten. Sie entwickelt schnell ein überschäumendes Blütenmeer, und es scheint, als ob ihre Wuchsleistung während des Sommers nie nachlassen will.

Ganz bewusst wird die **Schneeflockenblume** zur Mitte hin gepflanzt. Damit ist sichergestellt, dass sich Verbenen und Pelargonien nicht gegenseitig die Schau stehlen und sich trotzdem kraftvoll in Szene setzen. Die Schneeflockenblume versteht es eben wie keine andere, die Wirkung der Leitpflanzen zu unterstreichen.

Dies versucht auch die **Aschenranke**, die mittig in dieser Reihe gepflanzt ist. Nie aufdringlich, dafür sehr elegant, gibt sie diesem Balkonkasten eine besondere Wirkung. Für die bunte Balkonkastengestaltung ist die Sorte 'Mini Silver' sicherlich mit am besten geeignet. Andere Sorten sind wesentlich starkwüchsiger und neigen dazu, alles zu überwuchern.

Wie Sie pflegen

Die Pflege beginnt mit dem richtigen Standort. So wird dieser Balkonkasten nur in voller Sonne oder im hellen Halbschatten seine ganze Schönheit entwickeln können. Die Pflanzen sind dabei allesamt sehr unproblematisch und pflegeleicht. Mit Ausnahme der Schneeflockenblume gehören sie alle zur Gruppe der Starkzehrer, möchten also gerne regelmäßig mit Nährstoffen versorgt werden. Bei nicht ausreichender Düngung wird die normale Blütenfülle sonst kaum erreicht.

Speziell für die **Pelargonien** empfiehlt es sich, die verblühten Blütendolden abzuschneiden. Dies geschieht nicht nur aus optischen Gründen, vielmehr kann so einer Blütenfäule vorgebeugt werden.

Ähnlich wie Pelargonien reagieren **Nelken** sehr empfindlich auf Staunässe. Beim Gießen also daran denken, dass »weniger oft mehr sein kann«. Nelken erreichen in aller Regel im Juli ihren Blühhöhepunkt. Schon mit der ersten verblühten Einzelblume ist es ratsam, mit dem Ausputzen zu beginnen, um den nächsten Blütenflor einzuleiten.

Verbenen kennen dieses »Verschnaufen« nicht, außer man vergisst zu düngen oder die Pflanzen stehen fortwährend zu trocken. Die neuen Sorten sind zudem verbessert, was die Mehltauanfälligkeit betrifft. Trotzdem ist darauf zu achten, dass die Blätter im Laufe des Tages abtrocknen können und nicht nass in die Nacht gehen müssen, was Pilzkrankheiten fördern würde.

Obwohl die **Schneeflockenblume** äußerst anspruchslos ist, benötigt auch sie ein Mindestmaß an Pflege. Zu nasser Stand bedeutet hier Gelbverfärbungen der Blätter (Chlorose), im Extremfall sind Wurzelerkrankungen oder das Absterben der Pflanzen zu befürchten. Bei unzureichender Wasserversorgung lässt die Blühwilligkeit stark nach.

Tipp

Man kann diesen Kasten auch komplementär pflanzen, d.h. mit weißen Pelargonien und roten Nelken. Anzuraten ist dann ein überdachter Standort, denn durch Regen verbräunen die weißen Blüten der Pelargonie leicht.

Rot-Weiß: Mohn und seine Begleiter

Der Türkische Mohn mit seinen großen, leuchtend roten Schalenblüten ist eine der prachtvollsten Stauden und setzt immer einen deutlichen Blühhöhepunkt im Gartenjahr. Die wunderschönen Blüten entschädigen dafür, dass die Prachtentfaltung nur von kurzer Dauer ist. Um den Auftritt des Mohns zu verlängern, kann man verschiedene Sorten verwenden und somit die Blühdauer ausdehnen.

Da die Mohnblüten an Farbintensität und Leuchtkraft nicht zu übertreffen sind, bieten sich farblich zurückhaltende Begleiter an. Geeignet sind vor allem blau und weiß blühende Sorten von Hain-Salbei und Hoher Bart-Iris. Bei beiden Arten können verschiedene Sorten verwendet werden, die in Wuchshöhe, Blütezeit und Blütenfarbe variieren. Interessant ist der Hain-Salbei auch wegen seiner spätsommerlichen Zweitblüte.

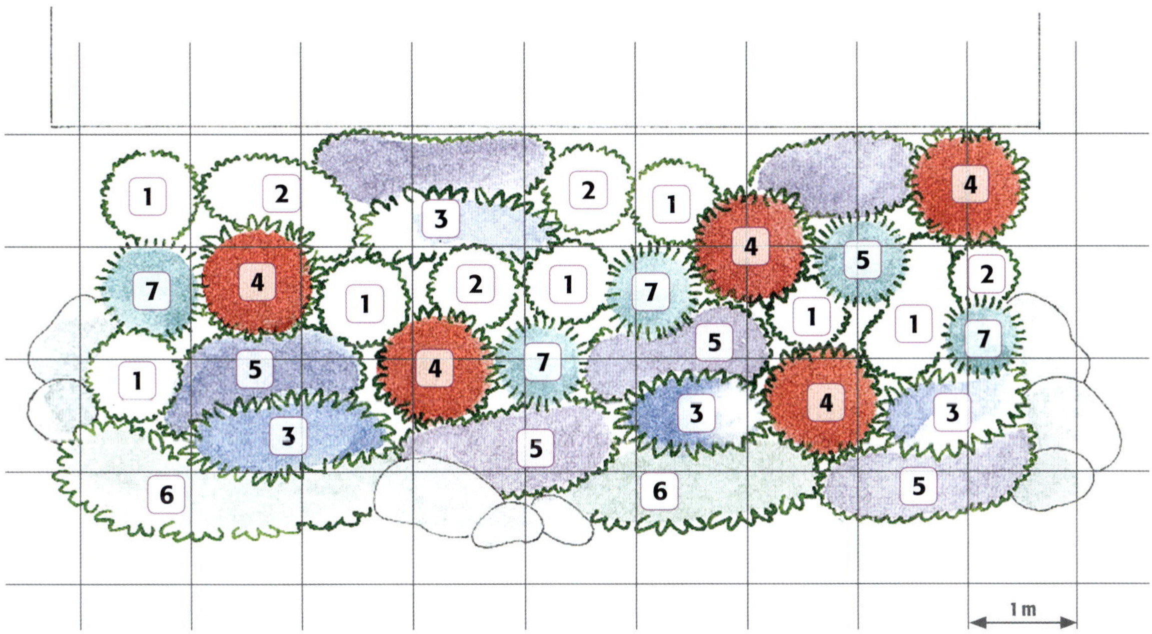

Was Sie brauchen

1 7 × **Tausendblättrige Garbe** *(Achillea millefolium)*, weiße Sorte

2 4 × **Weiße Spornblume** *(Centranthus ruber)* 'Albiflorus'

3 12 × **Bart-Iris** (*Iris* Germanica-Gruppe), weiße und blaue Sorten verwenden

4 5 × **Türkischer Mohn** *(Papaver orientale)* z. B. 'Aladin', 'Türkenlouis'

5 25 × **Hain-Salbei** *(Salvia nemorosa)*, weiße und blaue Sorten, z. B. 'Adrian', 'Blauhügel'

6 10 × **Wolliger Ziest** *(Stachys byzantina)* 'Silver Carpet'

7 4 × **Blaustrahlhafer** *(Helictotrichon sempervirens)*

Die Blütenblätter des Mohns sind zart und weich, die Staude selbst ist aber robust und anspruchslos.

Die üppigen Horste der Tausendblättrigen Garbe verdecken die Lücken, die der Mohn nach der Blütezeit hinterlässt. Auch hier sollte man nur die weiß blühenden Sorten verwenden. Abwechslung bringen die weißfilzigen Blätter des Wolligen Ziests und das blaugraue Laub des Blaustrahlhafers in die Pflanzung.

Wie Sie pflanzen

Dieses farbenprächtige Beet braucht einen vollsonnigen Standort, der warm und sogar heiß sein darf. Der Boden sollte mäßig trocken bis frisch, nährstoffreich und vor allem durchlässig sein. Ideale Voraussetzungen bietet ein sandiger Lehm.

Türkischer Mohn bildet fleischige Pfahlwurzeln, die keinen schweren Boden und keine Staunässe vertragen, da sonst die Wurzeln faulen. Der Türkische Mohn hat einen eigenen Vegetationsverlauf. Nach der Blüte im Frühsommer vergilben die Blätter und ziehen ein. Zum Herbst hin werden kleine Überwinterungsrosetten gebildet, die überwintern und nach dem Winter absterben. Im Frühjahr treiben die Mohnpflanzen erneut aus. Da nach dem Einziehen unschöne Lücken in der Pflanzung entstehen, sollte man Türkischen Mohn immer einzeln oder nur in kleinen Gruppen verwenden. Durch geschicktes Einbinden in der Pflanzung können die Löcher vertuscht werden, indem Türkischer Mohn bevorzugt im mittleren Beetbereich verwendet wird.

Fast ganzjährig attraktiv ist der **Wollige Ziest**, der zusammen mit dem **Hain-Salbei** den Abschluss des Beetes im Vordergrund bildet. Beide werden gruppenweise gepflanzt, sodass sie flächig wirken.

Hohe Bart-Iris besitzen dicke, fleischige Rhizome, die nur flach gepflanzt werden dürfen, sodass sie gerade an oder unter der Erdoberfläche liegen. Die beste Pflanzzeit für die Rhizome ist von August bis Oktober. Containerware kann jedoch fast ganzjährig gepflanzt werden.

Wie Sie pflegen

Nach dem Frühjahrsputz wird das Beet gelockert und mit 80 g/m² Volldünger gedüngt. Das regelmäßige Ausschneiden der abgeblühten Blütendolden fördert bei der **Tausendblättrigen Garbe** einen Dauerflor. Zusätzlich werden Sämlinge vermieden, die in der Regel blassere Blütenfarben hervorbringen. Die Horste breiten sich durch kurze Ausläufer aus. Zu groß gewordene Horste können problemlos mit dem Spaten verkleinert werden.

Türkischen Mohn sollte man nach der Blüte bis auf die Basis zurückschneiden. Die Pflanzen ziehen sonst ein und werden unansehnlich. Mohn enthält giftigen Milchsaft, daher unbedingt Handschuhe tragen.

Die **Spornblume** ist eine genügsame und pflegeleichte Staude, die sich an zusagenden Standorten reichlich versamt. Durch gelegentliches Ausschneiden der verwelkten Blütenstände wird die Bildung neuer Blüten gefördert und gleichzeitig die Samenbildung verhindert.

Der **Hain-Salbei** wird nach der Blüte unansehnlich. Wenn man die Horste nach der Blüte komplett bis auf den Boden zurückschneidet, treiben die Pflanzen erneut aus und blühen im September ein zweites Mal.

Eine Alternative zu dieser radikalen Schnittmaßnahme ist, dass man die Horste etwa auf die Hälfte einkürzt. Der Wiederaustrieb erfolgt dann aus den Blattachseln. Vorteilhaft ist, dass keine Löcher in der Pflanzung entstehen. Beide Schnittmaßnahmen sollten durch eine zusätzliche Düngergabe von 40 g/m² und Wässern unterstützt werden.

Hohe Bart-Iris sind konkurrenzschwach, daher sollte man darauf achten, dass sie nicht überwuchert werden. Nach der Blüte werden die Fruchtstände ausgeschnitten. Die Blätter sind wintergrün und sollten erst im Frühjahr zurückgeschnitten werden.

Der **Wollige Ziest** ist absolut pflegeleicht. Die Sorte 'Silver Carpet' ist eine blühfaule Selektion auf Blattschmuckwirkung und Teppichbildung. Eine wertvolle Sorte, die dichte Blattteppiche bildet.

Den **Blaustrahlhafer** schneidet man erst im Frühjahr zurück.

Tipp

Wenn Ihnen die ziegelroten Mohnsorten zu knallig sind, gibt es auch farbschöne rosafarbene Alternativen, die farblich genauso gut zu den Begleitstauden passen.
Empfehlenswert sind:
'Karine', hellrosa, 60 cm, kleinblütig
'Catharina', lachsrosa, 80 cm, großblütig
'Helen Elisabeth', lachsrosa, 70 cm, mittelgroße Blüten.

Purpur: Blütentraum in Rosa im Schatten

Romantisch, zart und im angenehmen Gleichklang vereinen sich hier die Pflanzen für den Schattenplatz. Ton in Ton präsentieren sich die Knollenbegonien und das Fleißige Lieschen. Akzente setzen die bronzefarbenen Blätter der Süßkartoffel und die weiß/rosafarbenen Blütenglöckchen der Fuchsien. Beeindruckt von der Schönheit kann man sich kaum satt sehen und fühlt sich magisch in den Bann gezogen.

Pink ist in

Jede Pflanze fügt sich harmonisch ins Gesamtbild und erfüllt zuverlässig ihre Aufgaben. Die aufrecht wachsenden Knollenbegonien leuchten mit großen gefüllt blühenden Blütenbällen aus dem Hintergrund. Die Fuchsien und das Fleißige Lieschen wachsen mächtig überhängend und werden eine Blütenfülle erreichen, die ihresgleichen sucht. Die bronzefarbene

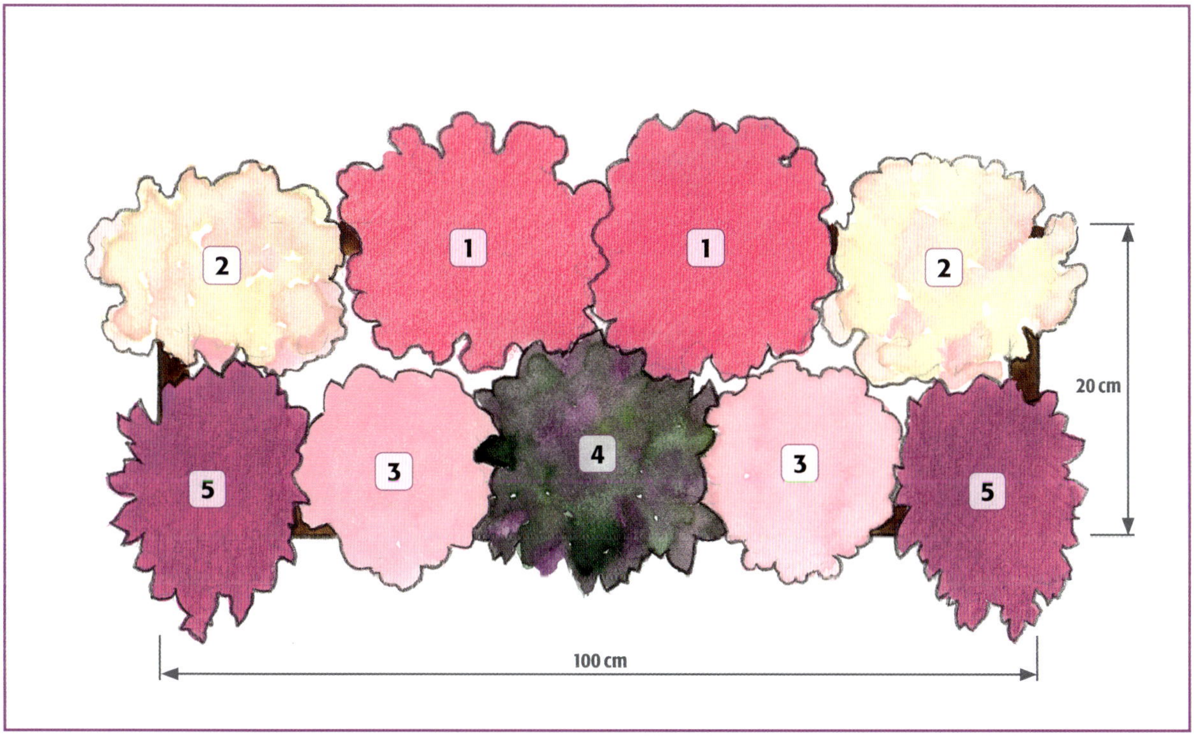

Was Sie brauchen

1 2 × **Begonie** *(Begonia*-Knollenbegonien-Hybriden) Nonstop 'Rosa', rosa

2 2 × **Begonie** *(Begonia*-Knollenbegonien-Hybriden) Nonstop 'Apfelblüte', weiß-rosa

3 2 × **Fleißiges Lieschen** *(Impatiens walleriana)* Candy 'Zartrosa mit Auge', rosa

4 1 × **Süßkartoffel** *(Ipomoea batatas)* 'Black Heart', bronze-braunes Blatt

5 2 × **Fuchsie** *(Fuchsia*-Hybriden) 'Puts Folly', Kelchblätter pink, Krone lilarosa

Was Sie auch nehmen können

Statt 4 1 × **Süßkartoffel** *(Ipomoea batatas)* 'Light Green', leuchtend grünes Blatt

Statt 5 2 × **Fuchsie** *(Fuchsia*-Hybriden) aus der Zuchtserie 'Shadow Dancer', farblich an den Kasten angepasst

Anders herum geht's auch: Rosa Kombination mit stehenden Fuchsien und hängenden Begonien.

Süßkartoffel dient als Strukturpflanze und gestaltet einen wunderbar weichen Kontrast zu dem rosaroten Bild.

Wie Sie pflanzen

In diesem Blumenkasten werden neun Pflanzen vorwiegend in rosa und weißen Blütenfarben gesetzt. Die hintere Kastenreihe bietet Platz für vier **Knollenbegonien.** In der Mitte sind zwei rosafarbene, außen die apfelblütenfarbenen Sorten geplant. Die Farbübergänge sind perfekt aufeinander abgestimmt. Die hier verwendeten Nonstop-Sorten gehören bereits zu den Klassikern unter den Knollenbegonien. Reichblühend, tief verzweigt, kräftig und widerstandsfähig, gehören sie zum Besten, was das Sortiment zu bieten hat. Die Züchtung hat hier ausgezeichnete Arbeit geleistet.

In der vorderen Reihe genau in der Mitte des Kastens sitzt die **Süßkartoffel.** Die freien Pflanzlücken zwischen den Knollenbegonien dienen hierbei als Pflanzorientierung. Das bronzefarbene Blatt gestattet einen fantastischen Kontrast zu den Nachbarblumen. Zunächst aufrecht wachsend, wird diese Strukturpflanze später einen hängenden Wuchscharakter annehmen und ihre auffällige Blattform noch stärker zur Geltung bringen. Das Fleißige Lieschen wird links und rechts der Süßkartoffel gepflanzt. Kompakt und überaus reichblühend präsentieren sich die beliebten Balkonblumen. Wenn im Herbst viele Balkonblumen schon Adieu sagen, erfreut sich das **Fleißige Lieschen** immer noch großer Vitalität und genießt in aller Ruhe den »Altweibersommer«.

In unserer Pflanzanordnung erhalten die hängenden **Fuchsien** den Platz, den sie besonders lieben. Am äußeren Rand dürfen sie ihre grazilen Blütentriebe seitlich und nach vorne über den Kastenrand baumeln lassen und dabei ihre ganze Pracht zur Schau stellen. Die bewährte Sorte 'Pats Folly' wird fast ohne Pause unzählige pink/rosaviolette Blütenglöckchen hervorbringen. Ohne Zweifel beleben die modernen Züchtungen das große Fuchsiensortiment.

Wie Sie pflegen

Für den schattigen Balkonbereich steht die große Pflanzengruppe der **Knollenbegonien** zur Verfügung. Da die Triebe mit zunehmendem Alter windanfällig werden, sollte schon vor der Pflanzung darauf geachtet werden, dass die Pflanzen kompakt und tief verzweigt sind. Die großen gefüllten Blüten sind im Vergleich zu den Pflanzen erstaunlich wetterfest. Trotzdem empfiehlt es sich, verblühte Blumen abzunehmen, um Fäulnispilzen keine Chance zu geben.

Mit Ausnahme weniger Sorten bevorzugen die meisten **Fuchsien**-Sorten einen halbschattigen bis schattigen Standort. Dünger sollte regelmäßig verabreicht werden. Da Fuchsien salzempfindlich sind, ist ein ausgewogener Mehrnährstoffdünger in niedrigen Konzentrationen empfehlenswert. Ähnlich wie Knollenbegonien lieben Fuchsien eine gleichmäßige Substratfeuchtigkeit. Um Blühpausen im Sommer so kurz wie möglich zu halten, empfiehlt es sich, Verblühtes und Fruchtansätze regelmäßig abzunehmen. Bei dieser Gelegenheit auf Schädlingsbefall achten und notfalls Gegenmaßnahmen einleiten. Nach der Balkonsaison können Fuchsien hell und kühl überwintert werden. In dieser Zeit wird nur sparsam gegossen. Im Frühjahr werden die Triebe gestutzt und die Pflanzen neu angetrieben. Fuchsien sind kälteempfindlich, also bei Frostgefahr rechtzeitig einräumen.

Das **Fleißige Lieschen** bevorzugt den lichten Schatten und entwickelt dort prachtvolle Blüten. Die Grundvoraussetzungen dafür sind eine gleichmäßige Dünger- und Wasserversorgung. Das Fleißige Lieschen ist immer durstig! Bei Trockenheit »schlappen« die Triebe, glücklicherweise erholen sie sich mit der nächsten Wassergabe.

Die **Süßkartoffel** ist anspruchslos und somit pflegeleicht. Gelegentliches Düngen und Wässern reicht.

Tipp

Die Zuchtziele für neue Fuchsiensorten zielen auf frühe und reiche Blüte, kompakten Wuchs und kontrastreiche Blütenfarben. Ein gutes Beispiel dafür ist die Sortenserie der 'Shadow Dancer'.

Staudentraum in Purpurtönen

Harmonische, verträumte Gartenbilder entstehen, wenn die Blütenfarben bei der Beetgestaltung Ton in Ton aufeinander abgestimmt werden. Für eine Ton-in-Ton-Pflanzung bieten sich die zahlreichen Rosa-, Purpur- und Violetttöne geradezu an. Weiße und rosafarbene Blüten vervollständigen das Farbenspiel, indem sie eine willkommene Aufhellung bringen und die Pflanzung insgesamt nicht zu dunkel wirken lassen. All diese Pastelltöne verschwimmen mit zunehmender Entfernung zu einem verschleierten, harmonischen Gartenbild.

Die feingliedrigen Blütenstände der Gräser untermalen diese Stimmung zusätzlich. Dadurch ergibt sich insgesamt ein zartes Farbspiel, das in Anlehnung an graues Gestein oder Pflaster noch an Ausdruck gewinnt.

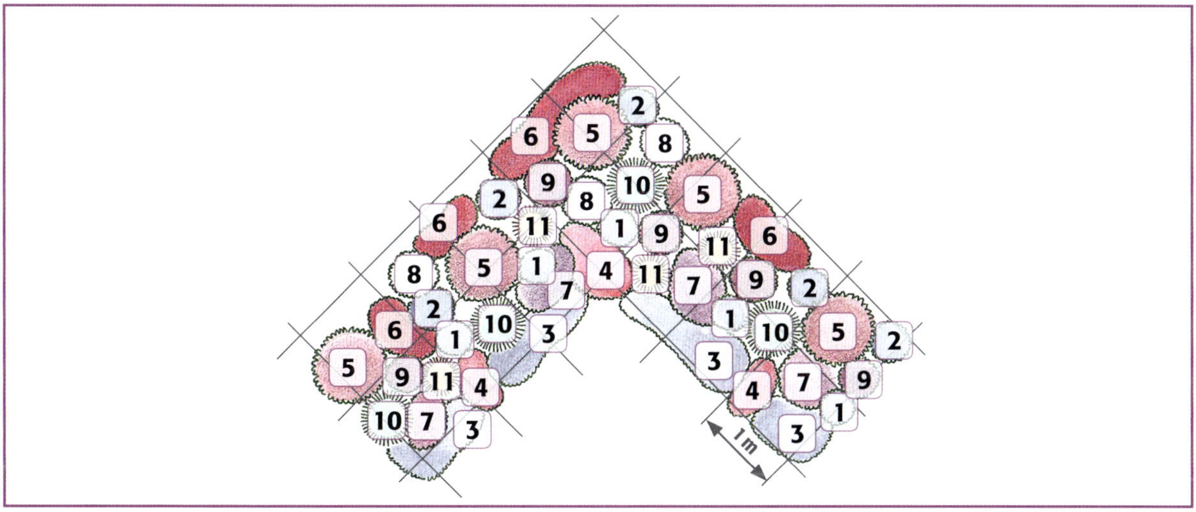

Was Sie brauchen

1 5 × **Myrten-Aster** *(Aster ericoides)*

2 5 × **Glattblatt-Aster** *(Aster novi-belgii)*, blaue Sorte, z. B. 'Dauerblau', 'Schöne von Dietlikon'

3 20 × **Kleinblütige Bergminze** *(Calamintha nepeta)* 'Triumphator'

4 3 × **Purpursonnenhut** *(Echinacea purpurea)*

5 5 × **Gefleckter Wasserdost** *(Eupatorium maculatum)*

6 4 × **Blut-Weiderich** *(Lythrum salicaria)*

7 4 × **Indianernessel** *(Monarda)*, rosafarbene Sorte, z. B. 'Fishes', 'Cobham Beauty', oder 'Prärienacht', blauviolett

8 3 × **Stauden-Phlox** (*Phlox* Paniculata-Gruppe), weiße Sorte, z. B. 'Pax', 'Schneeferner'

9 5 × **Kandelaber-Ehrenpreis** *(Veronicastrum virginicum)* 'Pink Glow'

10 4 × **Diamantgras** *(Calamagrostis brachytricha)*

11 4 × **Ruten-Hirse** *(Panicum virgatum)* 'Heavy Metal'

Was Sie auch nehmen können

Statt **6** **Chinaschilf** *(Miscanthus sinensis)*, z. B. 'Kleine Fontäne', 90 cm, oder 'Silberspinne', 130 cm

Statt **7** **Feinstrahlaster** *(Erigeron)*, z. B. 'Dunkelste Aller', dunkelviolett, 60 cm, oder 'Sommerneuschnee', weiß, 60 cm

Statt **7** **Raublatt-Aster** *(Aster novae-angliae)* 'Purple Dome', dunkelviolett, 50 cm

Statt **9** **Gelenkblume** *(Physostegia virginiana)* 'Summer Snow', weiß, 80 cm

Wasserdost, Kandelaber-Ehrenpreis und hohe Gräser eignen sich auch für große Beete mit Präriecharakter.

Viele der verwendeten Stauden blühen nicht nur unermüdlich, sondern duften auch noch. Besonders intensiv und angenehm ist der Duft des *Phlox* (= Flammenblume). Auch Schmetterlinge und Bienen werden von dieser Pflanzung in ihren Bann gezogen, denn einige der verwendeten Arten sind gute Insektenweiden.

Wie Sie pflanzen

Mit einem Gartenbeet, das an eine Terrasse angrenzt, können Sie diese Harmonie aus Duft und Farben besonders gut verwirklichen. Auf der Terrasse kann man den Blütenduft genießen und auch die zahlreichen Schmetterlinge und Insekten beobachten, die der **Blut-Weiderich**, die **Indianernesseln** und der **Gefleckte** *Wasserdost* ganz besonders stark anlocken.

Wenn Sie den Pflanzplan verwirklichen möchten, ist ein sonniger Standort die wichtigste Voraussetzung. Der Boden sollte frisch, nährstoffreich und humos sein. Wenn der Boden zu schwer ist, hilft das Einarbeiten von Kompost. Sinnvoll ist eine Kompostgabe auch bei leichten, sandigen Böden, damit Wasser und Nährstoffe länger gehalten werden.

In den Vordergrund pflanzen Sie Gruppen von **Kleinblütiger Bergminze** und **Purpursonnenhut**. Diese überbrücken den harten Übergang zwischen gepflasterter Terrassenfläche und Staudenbeet. Im mittleren Beetbereich zeigen die üppigen Horste von **Indianernessel**, **Blut-Weiderich** und **Astern** zusammen mit den Gräsern ihre volle Schönheit.

Noch etwas höher werden der **Kandelaber-Ehrenpreis**, der **Stauden-Phlox** und vor allem der dominierende **Gefleckte Wasserdost**, die deshalb in den Hintergrund der Pflanzung rücken.

Wie Sie pflegen

Als erste Pflegemaßnahme im Gartenjahr muss im Frühjahr der Boden gelockert und gedüngt werden. Bewährt hat sich eine Düngermenge von etwa 80 g/m² eines Volldüngers.

Astern, **Stauden-Phlox** und **Indianernessel** brauchen ausreichende Bodenfeuchtigkeit. In Trockenperioden sollten sie gründlich gewässert werden, damit beugen Sie gleichzeitig dem Echten Mehltau vor.

Der **Purpursonnenhut** ist nur kurzlebig, er muss alle 3–4 Jahre nachgepflanzt werden.

Nach der Blüte von **Stauden-Phlox** und **Blut-Weiderich** sollten die Blütenstände ausgeschnitten werden, damit sie sich nicht aussamen.

Der Austrieb von **Astern** und **Purpursonnenhut** ist schneckengefährdet. Man sollte ihn schon frühzeitig schützen, etwa durch etwas Schneckenkorn, bis die Triebe kräftig genug sind.

Einige Arten sind häufig nicht ganz standfest. Dies hängt von den Sorteneigenschaften, aber auch vom Standort ab. Außerdem hat der Witterungsverlauf darauf Einfluss. Bei Bedarf gestäbt werden sollten **Astern**, **Kandelaber-Ehrenpreis** und **Gefleckter Wasserdost**.

Die verwendeten Stauden schneidet man im Herbst oder Frühjahr zurück. Eine Ausnahme bilden die Gräser, sie werden erst im Frühjahr zurückgeschnitten.

Einen Dünge- und gleichzeitig auch Pflegeeffekt erzielt man, wenn man Staudenbeete humusiert. Als **Humusieren** bezeichnet man das flächige Abdecken der Staudenbeete mit Komposterde. Der Kompost sollte reif und unkrautfrei sein. Aufgetragen wird in einer Schichtstärke von 2–3 cm. Da Komposterde nährstoffhaltig ist, sollte auf zusätzliche Düngergaben verzichtet werden. Sehr positiv wirkt sich das Humusieren auch auf die Bodenstruktur aus. Der beste Zeitpunkt ist der Winter oder das zeitige Frühjahr vor dem Austrieb.

Tipp

Wenn Sie diese Farbkombination begeistert, können Sie damit bereits im Frühjahr beginnen. Dazu bieten sich Blumenzwiebeln an, denn es gibt wunderschöne Tulpen- oder auch Hyazinthen-Sorten in den verschiedensten Rosa- und Violetttönen. Mit den purpurvioletten Blüten des Iran-Zierlauchs *(Allium aflatunense)*, die über der Pflanzung schweben, überbrücken Sie die zeitliche Lücke, bis die ersten Stauden mit der Blüte beginnen. Pflanzzeit für diese Blumenzwiebeln ist der Herbst.

Rosa-Lila: Wellness auf dem Balkon

Mit duftenden Blumenstars und neuen Kombinationen von Rosa bis Blau lassen sich Wellnessoasen zum Träumen schaffen. Der zarte Duft von Vanille liegt in der Luft und lädt ein, die Natur zu inhalieren. Die weichen Farbtöne verschmelzen ineinander und verbreiten eine angenehme Atmosphäre der Ruhe und Ausgeglichenheit. Genau richtig, um zu entspannen und das augenblickliche Wohlbefinden zu genießen.

Ein Märchentraum

An das blaue Heliotrop schmiegen sich die fuchsiafarbenen Kapkörbchen. Ihre »blauen Sterne« in der Blütenmitte leuchten hoch bis zum Himmel. Während die großen Blüten der Surfinia-Petunien kräftige Akzente setzen, schafft das fliederblaue Männertreu einen wunderbaren farblichen Übergang zur kleinblumigen Petunie inmitten dieser Pracht.

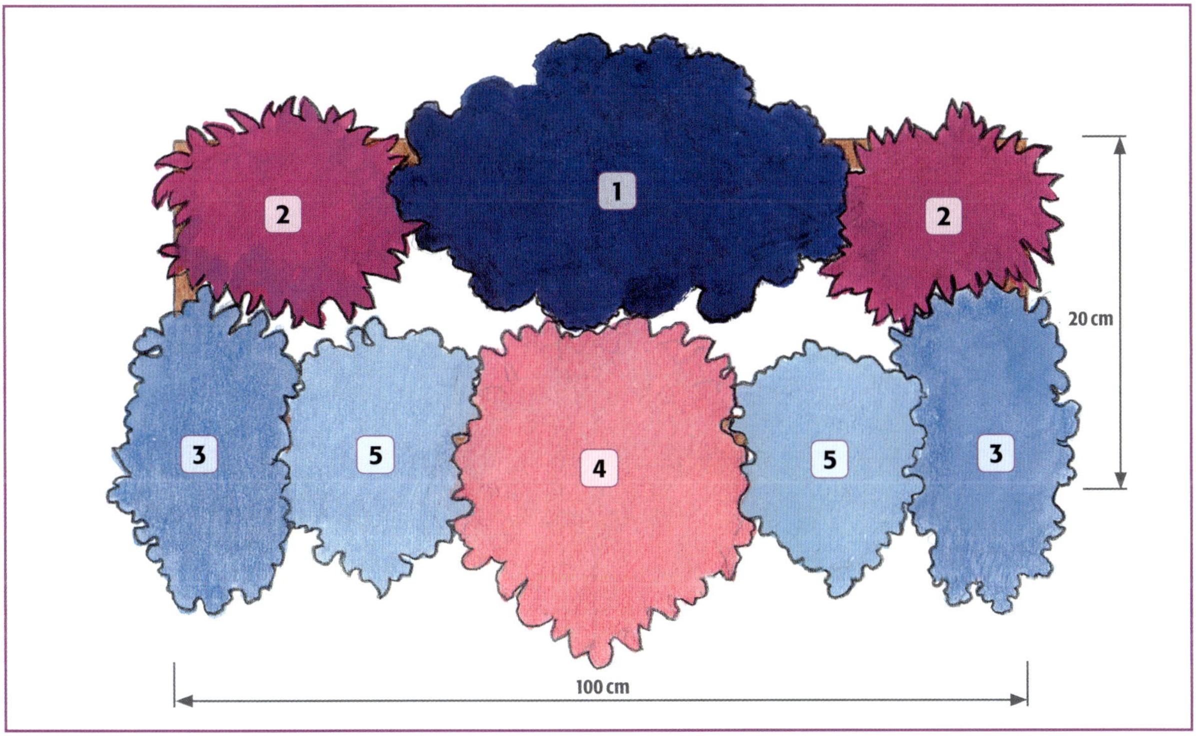

Was Sie brauchen

1 1 × **Vanilleblume** *(Heliotropium arborescens)* 'Marine', blau

2 2 × **Kapkörbchen** *(Osteospermum ecklonis)* Jamboana 'Purple', pink

3 2 × **Petunie** *(Petunia*-Hybriden) Surfinia 'Patio Blue', blau

4 1 × **Petunie** *(Petunia*-Hybriden) Tiny Tunia 'Pink', kleinblumig, rosa

5 2 × **Männertreu** *(Lobelia erinus)* Laguna 'Mounding Lavender', hellblau

Was Sie auch nehmen können

Statt 2 2 × **Strauchmargeriten** *(Argyranthemum frutescens)*, kirschrot

Statt 5 2 × **Eisenkraut** (*Verbena*-Hybriden), altrosa oder hellbau

Die Rolle der Kapkörbchen können auch rosa Strauchmargeriten übernehmen.

Wie Sie pflanzen

Dieses Pflanzschema berücksichtigt die grandiose Wüchsigkeit der **Surfinia-Petunien.** Eigentlich sollte zweireihig gepflanzt werden, aber in diesem Fall ist es durchaus sinnvoll, die ganze Breite am Kastenende für die Petunien zu reservieren, um die sensationelle Wüchsigkeit und die »Flower-Power« nach vorne und zur Seite hin zu ermöglichen.

Die **Vanilleblume** wird im Laufe des Sommers etwa 40 bis 50 Zentimeter hoch und ist deshalb für die Mitte der hinteren Reihe bestens geeignet. Die tiefvioletten Doldenblüten verbreiten einen intensiven Vanilleduft und locken nicht nur Bienen und Schmetterlinge.

Farblich wunderbar abgestimmt, stehen links und rechts daneben die neuen Sorten der **Kapkörbchen.** Die Jamboana-Sorten benötigen keine Kühlphase, um Blüten bilden zu können. Damit verbunden sind verbesserte Blühleistungen und nahezu grenzenloser Blütenreichtum, auch im heißen Sommer.

Die Züchtungsarbeit hat dem **Männertreu** einen neuen Aufschwung verliehen. Die Pflanzen sind außergewöhnlich frühblühend und besitzen ein hervorragendes Durchblühverhalten. Der Pflanzenaufbau ist zunächst kugelig, wird aber bald in einen halb hängenden Wuchs übergehen. Die neuen Sorten sind nicht nur Blau oder Lila, sondern auch Weinrot und Weiß oder ganz besonders attraktiv als zweifarbige Neuheiten.

Die kleinblumige rosafarbene **Petunie** ist mittig in der vorderen Reihe gepflanzt. Diese Sortentypen nehmen wesentlich mehr Rücksicht auf die benachbarten Pflanzen als ihre starkwüchsigen Schwestern und Brüder. Mit ihrem kompakten und überhängenden Wuchs sind sie die perfekten Kombinationspartner in Blumenampeln und bunten Balkonbepflanzungen. Beeindruckend sind die zahllosen Einzelblüten, aus denen wahre Blütenteppiche entstehen.

Wie Sie pflegen

»Den Kopf im Feuer und die Füße im Wasser«, diese Regel gilt sehr genau für die **Vanilleblume.** Sonne, Wärme und viel Licht, dazu regelmäßige Wasserversorgung, da fühlt sich diese Duftpflanze besonders wohl. Sobald die ersten Blütendolden abblühen, empfiehlt es sich, diese auszuschneiden, um neue kräftige Blütenflore einzuleiten. Dunkle Blattverbräunungen beim Heliotrop sind meist die Folgen von Licht- oder Wassermangel. Zumindest die Wasserversorgung kann mit einem Balkonkasten mit integriertem Wasserspeicher deutlich verbessert werden.

Die modernen Sorten der **Kapkörbchen** benötigen erfreulicherweise keinen Kältereiz, um Blüten auszubilden. Der Vorteil liegt darin, dass die Blüten besonders früh und ohne erkennbare Blühpause über die ganze Balkonsaison erscheinen. Sie brauchen dafür allerdings einen vollsonnigen, am besten etwas regengeschützten Standort. Auch aus optischen Gründen empfiehlt es sich, eingetrocknete oder abgebluhte Blütenstände auszuschneiden.

Die neuen **Petunien-Sorten** sind erstaunlich regen- und wetterfest und darüber hinaus äußerst attraktiv. Nicht umsonst erleben die Petunien eine Renaissance ohnegleichen. Petunien wollen regelmäßig gedüngt und ausreichend mit Wasser versorgt sein. Oft bedeutet dies, dass im Sommer zweimal täglich gegossen werden muss. Bei größeren Balkonanlagen empfiehlt sich daher eine Automatisierung. Das spart nicht nur viel Zeit, sondern versorgt die Pflanzen zudem bedarfsgerecht. Bestes Wachstum und Blütenreichtum sind zu erzielen, wenn die Pflanzen mit jedem Gießvorgang etwas Nahrung erhalten, zum Beispiel ein halbes Gramm Volldünger mit jedem Liter Gießwasser. Auf diese Art und Weise werden auch Spurennährstoffe im ausreichenden Maße und noch wichtiger der pH-Wert im Substrat im optimalen Bereich gehalten. Eisenmangel kann so erst gar nicht auftreten. Dies gilt für klein- und großblumige Sorten gleichermaßen.

Die **Lobelien** präsentieren sich seit Kurzem ebenfalls in einem neuen Licht. Ohne großen Pflegeaufwand öffnen sich Blüten um Blüten. Die neuen Sorten sind zudem enorm hitzebeständig, auch wenn sie vorzugsweise im Halbschatten und auch noch im schattigen Bereich gedeihen.

Auch die neuen Sorten von Männertreu lieben die gleichmäßige Substratfeuchte und sind damit ein idealer Partner der Vanilleblume. Bei längerer Trockenheit reagieren die Pflanzen eher beleidigt. Im Extremfall erholen sich geschädigte Pflanzen nicht mehr und es bleibt nur ein Austausch.

Tipp

Die Vanilleblume lässt sich kühl und hell überwintern und wird gerne im Einzelkübel als Hochstämmchen gezogen.

Rosa-Lila: Märchenbeet mit Rosen

Ein rauschendes Blütenfest erwartet Sie im Sommer, wenn Sie Rosen mit zeitgleich blühenden staudigen Begleitern kombinieren. Vom Charakter der Pflanzen und auch von der Größe her dominieren die Rosen das Beet, die Stauden vervollständigen das Gartenbild.

Die Auswahl der weiß und blau blühenden Stauden harmoniert mit rosaroten oder karminroten Rosen ebenso gut wie mit weiß blühenden Rosen. Die Stauden unterstützen die Farbwirkung und verlängern den Blütenflor bis in den Herbst hinein.

Wirkungsvoll ist auch die Verwendung von graulaubigen Stauden wie Lavendel oder Katzenminze. Diese halten sich vornehm zurück und unterstützen so die Leuchtkraft der Rosenblüten.

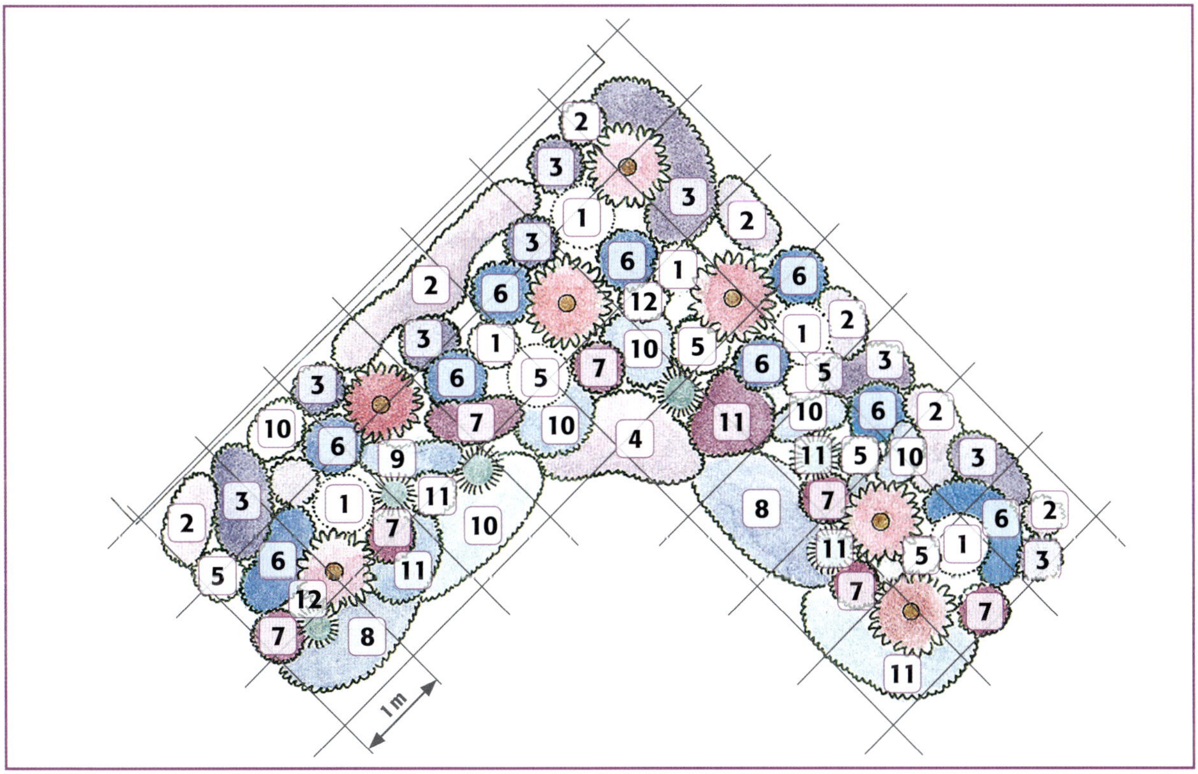

Was Sie brauchen

1 6 × **Riesenschleierkraut** *(Crambe cordifolia)*

2 7 × **Myrten-Aster** *(Aster ericoides)* 'Herbstmyrte'

3 9 × **Glattblatt-Aster** *(Aster novi-belgii)*, blaue Sorte, z. B. 'Dauerblau', 'Schone von Dietlikon'

4 5 × **Kleinblütige Bergminze** *(Calamintha nepeta)* 'Triumphator'

5 6 × **Weiße Spornblume** *(Centranthus ruber)* 'Albiflorus'

6 9 × **Hoher Garten-Rittersporn** (*Delphinium* Elatum-Gruppe) z. B. 'Lanzenträger', 'Polarnacht'

7 8 × **Feinstrahlaster** *(Erigeron)* 'Dunkelste Aller'

8 10 × **Lavendel** *(Lavandula angustifolia)* 'Munstead'

9 1 × **Katzenminze** (*Nepeta* Faassenii-Gruppe) z. B. 'Six Hills Giant', 'Walkers Low'

10 8 × **Wolliger Ziest** (*Stachys byzantina*) 'Silver Carpet'

11 10 × **Blaustrahlhafer** *(Helictotrichon sempervirens)*

Außerdem 7 verschiedene Strauchrosen und eingestreut Vexiernelken *(Lychnis coronaria)*

Rosafarbene Rosen harmonieren gut mit blau blühendem Lavendel.

Auch die Blütenformen der Stauden sollten graziler und zierlicher sein als die Blüten der Rosen, damit sie die Rosenblüten nicht übertrumpfen. Als attraktive Begleiter sind daher Lavendel, Kleinblütige Bergminze, Myrten-Aster und auch Katzenminze sehr zu empfehlen.

Wie Sie pflanzen

Rosen und auch ihre staudigen Begleiter brauchen einen sonnigen Standort. Rosen wünschen einen tiefgründigen, lehmigen Boden, der nährstoffreich und durchlässig sein sollte. Wenn der Boden zu schwer ist, sollte die Pflanzfläche mit Sand oder Kies abgemagert werden. Dies nicht nur der Rosen wegen, denn besonders empfindlich reagieren auf Stau- und Winternässe Wolliger Ziest, Lavendel, Katzenminze und auch das Riesenschleierkraut.

Für den **Rittersporn** sollte man ausreichend Platz einplanen, da er die Konkurrenz durch Nachbarn nicht verträgt. Auch das Riesenschleierkraut bildet eindrucksvolle, stattliche Horste, die sich allerdings erst nach 2–3 Jahren in voller Schönheit zeigen. Beide Stauden werden im mittleren bis hinteren Beetbereich gepflanzt.

Den Abschluss zur Rasenkante bilden **Wolliger Ziest**, **Lavendel** und **Kleinblütige Bergminze**. Diese niedrig bleibenden Stauden werden nie einzeln, sondern immer in kleineren Gruppen gepflanzt, sodass sie duftige Blütenwolken bilden.

Wie Sie pflegen

Wichtig ist eine jährliche Düngung für Rosen und stark zehrende Stauden. Hierzu zählen Rittersporn, Glattblatt- und auch Myrten-Astern sowie Riesenschleierkraut. Diese sollten mit 80 g/m² Volldünger gedüngt werden. Die graulaubigen Stauden sollten bei der jährlichen Düngung jedoch ausgespart werden, da sie geringere Nährstoffansprüche aufweisen und sonst zu mastig würden.

Glattblatt-Aster und **Hoher Garten-Rittersporn** müssen bei Bedarf gestäbt werden.

Bei **Astern** ist in Trockenzeiten eine ausreichende Wässerung ratsam, da Wässern die beste vorbeugende Maßnahme gegen Echten Mehltau ist.

Hoher Garten-Rittersporn und **Feinstrahlaster** blühen ein zweites Mal im September, wenn sie nach der Blüte bis auf die Basis zurückgeschnitten werden. Eine zweite Düngergabe von 40 g/m² und Wässern fördert die Zweitblüte.

Auch **Katzenminze** und **Kleinblütige Bergminze** blühen ein zweites Mal, wenn man die Horste nach der Blüte auf halbe Höhe zurückschneidet. Möglich ist auch ein kompletter Rückschnitt bis zum Boden; allerdings stören dann kurzzeitig die Löcher in der Pflanzung.

Nach der Blüte sollte man die Fruchtstände des **Riesenschleierkrautes** ausschneiden, um die kraftzehrende Samenbildung zu verhindern.

Bei der **Spornblume** verlängert das laufende Ausschneiden der Blüten die Blütezeit.

Lavendel bildet kompakte Polster, wenn man ihn regelmäßig im späten Frühjahr in Form schneidet. Nach der Blüte werden nur die abgeblühten Blütenstiele entfernt.

Das eigene eingetrocknete Laub bietet **Gräsern** einen Winterschutz; deshalb schneidet man sie erst im Frühjahr zurück.

Tipp

Beim Rosenkauf haben Sie die Auswahl zwischen wurzelnackten Rosen und Containerrosen. Wurzelnackte Rosen müssen im Frühjahr oder Herbst gepflanzt werden. Containerrosen sind eingetopft und können fast ganzjährig gepflanzt werden. Vorteilhaft ist auch, dass man sie während der Blüte aussuchen kann.

ADR-Rosen
(Allg. Deutsche Rosenneuheitenprüfung)
Eine Orientierungshilfe für den Rosenkauf

- ausgezeichnet
- blühfreudig
- gesund
- widerstandsfähig gegenüber Pilzkrankheiten
- deutschlandweit und mehrjährig getestet

ADR hat sich zum Ziel gesetzt, besonders hochwertige Sorten für den Gartenliebhaber erkennbar zu machen und zu beschreiben. Dazu bewertet ein Expertengremium aus unabhängigen Prüfgärten Rosensorten über drei Jahre anhand von Kriterien wie Blattgesundheit, Reichblütigkeit, Winterhärte und Wüchsigkeit (www.adr-rose.de).

Lila-Limone: frische Harmonie

Richtig trendy sind Kombinationen aus Blatt- und Blütenpflanzen. Umso mehr, wenn die Farbauswahl so kontrastreich und doch so harmonisch gelingt wie hier.

Die gelb-grüne Aschenranke streckt sich nach allen Seiten und umwebt die lilafarbenen Zauberglöckchen. Gemeinsam mit dem limettenfarbenen Elfenspiegel sorgen sie für willkommene Frische und Belebung. Aus dem Hintergrund erheben sich zarte Engelsgesichter und betrachten das fröhliche Treiben mit viel Gelassenheit. Wer dem 'Angelface' ins Auge schaut, versteht sehr schnell, woher der Name kommt. Am Kastenrand setzt die Petunien-Sorte 'Magenta' die Akzente. Gewohnt starkwüchsig und robust erscheinen purpurviolette Blüten mit cremefarbenem Saum.

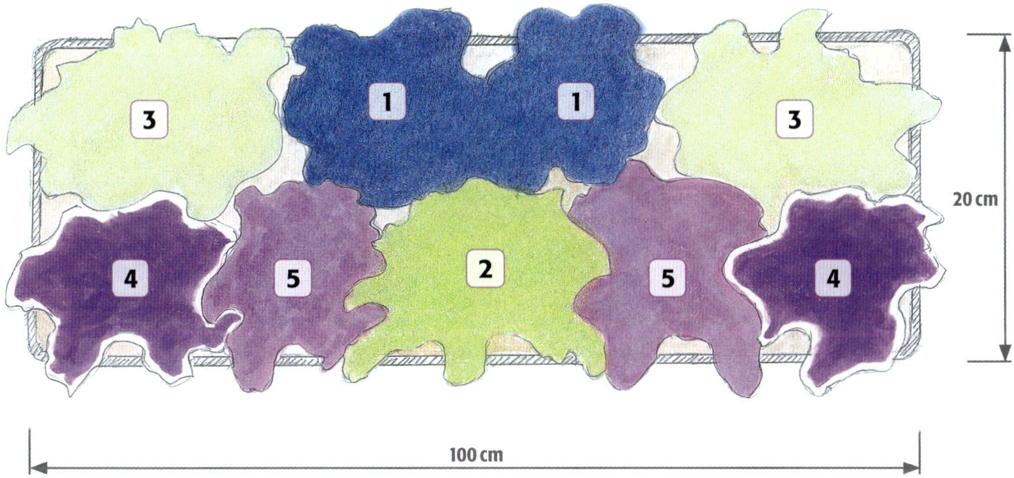

Was Sie brauchen

1 2 × **Angelonien** *(Angelonia gardneri)*
Angelface 'Blue', violettblau

2 1 × **Aschenranke** *(Helichrysum petiolare)*
'Golden Leaved', goldgelbes Blatt

3 2 × **Elfenspiegel** *(Nemesia strumosa)*
Sunsatia Plus 'Pera'

4 2 × **Petunie** *(Petunia Cultivars)*
Cascadia 'Magenta Rim', violett mit cremefarbenem Saum

5 2 × **Zauberglöckchen** *(Calibrachoa Cultivars)*
Superbells 'Lilac', blau-violett

Was Sie auch nehmen können

Statt **1** 2 × **Mehl-Salbei** *(Salvia farinacea)*
'Violet Candle', blau-violett

Statt **2** 1 × **Süßkartoffel** *(Ipomoea batatas)*
Sweet Heart 'Light Green', leuchtend grünes Blatt

Statt **3** 2 × **Buntnessel** *(Plectranthus scutellarioides)*
'Caipirinha', limettengrünes Blatt

Statt **4** 2 × **Surfinie** *(Petunia-Hybriden)* Surfinia 'Violet' oder 2 × **Verbena Cultivars** Vepita 'Blue Violet'

Das gelbgrüne Laub der Süßkartoffel Sweet Heart 'Light Green' passt ebenfalls prima ins Farbschema.

Wie Sie pflanzen

Dieses Pflanzenarrangement verbindet Neues und Altbewährtes, wobei die Auswahl der Blütenfarben auf die Komplementärfarben Lila und Limone konzentriert ist. Eine Besonderheit sind die Angelonien der Sorte Angelface 'Blue'. Die zahlreichen lilafarbenen Einzelblüten erscheinen auf 40 bis 50 cm hohen Blütenrispen und sind damit die idealen Strukturgeber für die hintere Reihe. Die Blüten erinnern an Orchideen oder Rittersporn. Links und rechts daneben finden Nemesien ihren Platz. Die leuchtend limettengelben Einzelblüten sind eine echte Attraktion. Beide Arten sind für sich schon ausgesprochene Schönheiten, gemeinsam sind sie ein schier unschlagbares Team.

Der heimliche Star in der vorderen Reihe ist die gelbgrüne Aschenranke. Die starkwüchsige Strukturpflanze breitet sich ungezähmt aus, ganz wie es ihr gefällt. Dennoch sorgen die frischen gelb-grünen Blätter mit ihrer samtigen Oberfläche dafür, dass die lilafarbenen Nachbarpflanzen so richtig zur Geltung kommen.

Größter Profiteur davon scheint das Zauberglöckchen zu sein, das direkt daneben immer als Erstes umgarnt wird. Im Laufe des Sommers wachsen die verwendeten leuchtenden Zauberglöckchen *(Calibrachoa)* leicht überhängend und verdienen schon deshalb einen Platz in der vorderen Reihe. Offensichtlich in allerbester Blühlaune produzieren sie bis zum Herbst ein faszinierendes lilafarbenes Blütenmeer.

Am vorderen äußeren Kastenrand sind starkwüchsige Cascadias-Petunien vorgesehen. Schnell wird hier der Wuchscharakter einer Hängepflanze erkennbar. Der Blütenreichtum lässt keine Wünsche offen und verleiht dieser Pflanze eine besondere Funktion. Die Sorte 'Magenta Rim' vereint die Farben Lila und Limone perfekt in jeder Einzelblüte.

Die wirklich anspruchslose Pflanze in dieser Kombination ist die Aschenranke. Als scheinbarer Lebenskünstler findet sie sich nahezu überall zurecht. Wenn die Blattschmuckpflanze zum wilden Wucherer wird, sollte man sich nicht scheuen auch mal beherzt die Schere zur Hand zu nehmen.

Wie Sie pflegen

Die **Angelonien** bevorzugen ein sonniges Plätzchen bei ausgeglichener Wasserversorgung. Ideal wäre eine tägliche Kontrolle, um Staunässe oder Trockenstress zu vermeiden. Vorteilhaft sind frische Blumenerden und regelmäßige Nachdüngung. Verblühte Triebe können ausgeschnitten werden, um das Nachblühen optimal zu fördern.

Die **Nemesien** fordern im Grunde die gleiche Aufmerksamkeit wie die Angelonien. Erfreulich ist, dass der Elfenspiegel bei Rückschnitt schnell wieder neue Blühkraft entwickelt. Das feine Wurzelwerk fühlt sich in lockerer Erde am wohlsten. Staunässe oder Trockenheit sind nicht erwünscht. Dazu kommt, dass die Schönheiten nicht über den Kopf gegossen werden wollen. Ein wenig Regenschutz wäre also optimal.

Über ein solches Plätzchen würden sich auch die **Zauberglöckchen** freuen. Regelmäßige Düngergaben mit einem Volldünger sorgen dafür, dass neben den Hauptnährstoffen auch die Spurennährstoffe ausreichend zur Verfügung stehen.

Davon profitieren auch die **Cascadia-Petunien**. Tatsachlich sind diese, wie alle starkwachsenden Petunien, wahre »Säufer« und »Fresser« , sodass sie zu einer Extragabe Dünger nie nein sagen würden. Sie danken es mit reichlicher Neublüte.

Tipp

Angelonien sind nicht nur wunderbare Beet- und Balkonpflanzen, sondern auch attraktive Schnittblumen. Die gute Haltbarkeit in der Vase wird Sie begeistern!

Ein wenig softer wirkt Lila zusammen mit hellem Gelb.

Lila-Limone: anregende Farben im Beet

Ausdrucksstarkes Violett und leuchtend gelb-grüne Töne sorgen für einen anregenden Farbkontrast in diesem Blumenbeet, das von Frühsommer bis Spätherbst blüht. Alle Stauden lieben die volle Sonne und machen diese Gestaltung zu einem echten Hingucker für die ansprechende Umrandung einer Terrasse oder eines Sitzplatzes. Neben der erfrischenden, kontrastreichen Farbkombination begeistert die Staudenauswahl mit ausdrucksstarken Blütenformen, imposanten Strukturbildnern und unermüdlichen Dauerblühern.

Für angenehmen Blütenduft auf der Terrasse sorgen Bart-Iris, Hohe Flammenblume, Blauraute und Katzenminze. Wenn mehr Pflanzfläche zur Verfügung steht, können Gehölze im Hintergrund dem Beet Halt geben. Empfehlenswert sind violettfarbene Sorten von *Budd-*

Was Sie brauchen

1 1 × **Pracht-Garbe** *(Achillea)* 'Credo'

2 2 × **Pracht-Garbe** *(Achillea)* 'Hella Glashoff'

3 4 × **Schleier-Frauenmantel** *(Alchemilla mollis)*

4 1 × **Glattblatt-Aster** *(Aster novi-belgii)* 'Violetta'

5 10 × **Quirlblättriges Mädchenauge** *(Coreopsis verticillata)* 'Moonbeam'

6 2 × **Steppen-Wolfsmilch** *(Euphorbia seguieriana* subsp. *niciciana)*

7 3 × **Pracht-Storchschnabel** *(Geranium × magnificum)* 'Rosemoor'

8 1 × **Stauden-Sonnenblume** *(Helianthus)* 'Lemon Queen'

9 2 × **Taglilie** *(Hemerocallis)* 'Green Flutter'

10 3 × **Hohe Bart-Iris** (*Iris* Germanica-Gruppe) 'Frosted Cream'

11 3 × **Hohe Bart-Iris** (*Iris* Germanica-Gruppe) 'Lovely Again'

12 2 × **Katzenminze** (*Nepeta* Faassenii-Gruppe) 'Walker's Low'

13 3 × **Blauraute** *(Perovskia atriplicifolia)* 'Little Spire'

14 2 × **Hohe Flammenblume** (*Phlox* Paniculata-Gruppe) 'Düsterlohe'

15 3 × **Hain-Salbei** *(Salvia nemorosa)* 'Caradonna'

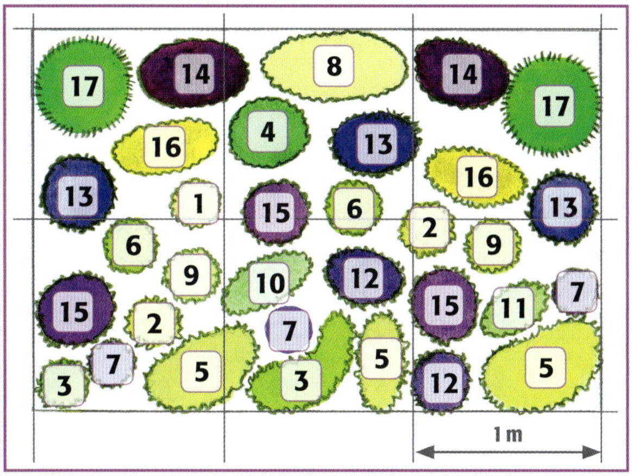

16 2 × **Pracht-Goldrute** *(Solidago)* 'Strahlenkrone'

17 2 × **Chinaschilf** *(Miscanthus sinensis)* 'Strictus'

Was Sie auch nehmen können

Statt **8** **Raublatt-Aster** *(Aster novae-angliae)* 'Violetta'

Statt **16** **Herbst-Goldrute** *(Solidago rugosa)* 'Fireworks'

Viele Stauden präsentieren sich am wirkungsvollsten, wenn sie gruppenweise und entsprechend ihrer Höhe verwendet werden.

leja davidii, dem Schmetterlingsstrauch, der mit seinen duftenden Blütenrispen Schmetterlinge magisch anzieht. Auch vom Garten-Eibisch *(Hibiscus syriacus)* gibt es Sorten in schönen Violetttönen, die sich wochenlang mit großen, malvenartigen Blüten schmücken. In Kombination mit gelb blühenden Strauch- oder Beetrosen können sie Ihr Beet wirkungsvoll bereichern.

Wie Sie pflanzen

Bei dieser Pflanzenauswahl ist eine Frühjahrspflanzung empfehlenswert, da Gräser und Halbsträucher wie die Blauraute besser erst im Frühjahr gepflanzt werden. Dennoch beginnen Sie idealerweise bereits im späten Herbst mit der Bodenvorbereitung, da Sie so die Frostgare nutzen können. Graben Sie Ihre Pflanzfläche grobschollig um und profitieren Sie im Frühjahr von einer optimalen Bodenvorbereitung. Nach Einwirkung des Frostes können die groben Erdschollen mit wenig Aufwand mit einem Krail zerkleinert werden.

Hohe Bart-Iris *(Iris* Germanica-Gruppe) und **Taglilien** *(Hemerocallis)* können als wurzelnackte Rhizome wie auch als Topfware gepflanzt werden. Falls Ihre gewünschte Sorte nur wurzelnackt angeboten wird, dann lassen Sie einfach eine Lücke und pflanzen die Sorten später ein. Iris-Rhizome dürfen nur flach gepflanzt und mit wenig Erde bedeckt werden. Beachten Sie, dass die Rhizome nach dem Pflanzen gut angedrückt werden. Wurzelnackte Taglilien haben fleischige Wurzeln, die so tief gepflanzt werden sollten, dass die Krone (Übergang zwischen Wurzeln und Blattfächer) mindestens 3–5 cm bedeckt ist. Anschließend sollte gut gewässert werden.

Als Ergänzung zu den verwendeten Stauden sind Zwiebel- und Knollengewächse unverzichtbar. Wenn Sie im Farbthema bleiben möchten, bieten sich eine Vielzahl von Tulpen-Sorten an. Kombinieren Sie am besten verschiedene Tulpen-Klassen wie zum Beispiel Lilienblütige Tulpen, Viridiflora- oder Darwin-Tulpen, um die Tulpenvielfalt in Blütezeit wie Form und Farbe auszuschöpfen. Weiß und Limone sind auch bei vielen Narzissen-Sorten sehr wirkungsvoll als Blütenfarbe. Eine wertvolle Ergänzung stellen die kugeligen Blütenstände vom Zierlauch dar, die auf hohen Stielen über der Pflanzung schweben können. Eine bewährte violett blühende Sorte des Persischen Lauchs *(Allium aflatunense)* ist 'Purple Sensation', die nach Narzissen und Tulpen von Mai bis Anfang Juni blüht.

Wie Sie pflegen

Die Fruchtstände der ***Iris*** **Germanica-Gruppe** und ***Hemerocallis*** sind wenig attraktiv, sodass sie vor der kraftzehrenden Samenbildung ausgeschnitten werden sollten. Die ***Achillea***-Sorten, der **Schleier-Frauenmantel** *(Alchemilla mollis)*, **Pracht-Storchschnabel** *(Geranium × magnificum)*, **Katzenminze** *(Nepeta* Faassenii-Gruppe) und **Hain-Salbei** *(Salvia nemorosa)* sollten nach der ersten Blüte bodennah zurückgeschnitten werden, damit sie erneut austreiben und im zeitigen Herbst einen zweiten Blütenflor zeigen. **Glattblatt-Aster** *(Aster novi-belgii)* und **Hohe Flammenblume** *(Phlox* Paniculata-Gruppe) sollten bei Bedarf gestäbt werden, alternativ hilft ein Vorblüteschnitt bereits im Frühsommer, um die Standfestigkeit zu fördern.

Bei der **Hohen Flammenblume** *(Phlox* Paniculata-Gruppe) und der **Pracht-Goldrute** *(Solidago)* sollten die abgeblühten Blütenstände ausgeschnitten werden, um ein Versamen zu verhindern. Wenn Sie die Horste beim Ausschneiden etwas formieren, zieren sie auch nach der Blüte. Zudem können die Blätter noch assimilieren und es entstehen keine Löcher in der Pflanzung. **Glattblatt-Astern** *(Aster novi-belgii)* blühen erst spät im Jahr, sodass diese nach der Blüte komplett zurückgeschnitten werden sollten, damit sie sich nicht versamen.

Ein Halbstrauch wie die **Blauraute** *(Perovskia atriplicifolia)* sollte im späten Frühjahr auf kurze Stummel zurückgeschnitten werden, um die Blühfreudigkeit zu erhalten. Da Blaurauten am diesjährigen Holz blühen, fördert ein starker Rückschnitt die Blütenbildung.

Vorsicht ist bei der **Steppen-Wolfsmilch** *(Euphorbia seguieriana* subsp. *niciciana)* geboten, da alle Euphorbien giftigen Milchsaft enthalten. Bitte immer Handschuhe tragen. Die schmuckvollen Triebe der Steppen-Wolfsmilch sollten erst im Spätherbst zurückgeschnitten werden.

Gräser wie das **Chinaschilf** *(Miscanthus sinensis)* werden erst im Frühjahr zurückgeschnitten, da sie auch im Winter noch zieren.

Tipp

Als perfekte Füllpflanze für dieses Beet ist *Verbena bonariensis,* das Schleier-Eisenkraut, zu empfehlen. Auf sehr langen, verzweigten Stielen, die sehr grafisch wirken, schweben rundliche, violette Blütenrispen. *Verbena bonariensis* ist einjährig, in milden Lagen auch ausdauernd. Lassen Sie sie versamen, dann ist der Flor im nächsten Jahr garantiert.

Mediterran: Macchiaduft auf dem Balkon

Mediterrane Düfte wecken oft angenehme Erinnerungen. So kann der Traum vom Süden auch auf dem kleinsten Balkon zur Wirklichkeit werden. Schließen Sie also die Augen und lassen Sie sich entführen ins Reich der Düfte. Atmen Sie das Aroma von Macchia, Lavendel oder Vanille, von Urlaub und Erholung. Öffnen Sie Fenster und Türen und lassen Sie das Bukett ins Zimmer.

Abendliche Wohlgerüche

Viele Pflanzen entfalten oft erst am Abend oder nach einem warmen Regen ihr intensivstes Aroma und locken so zum Verweilen auf den Balkon. Dann können Sie Platz nehmen und die schönsten Stunden des Tages in Urlaubsstimmung verbringen. Und ganz nebenbei ergötzen Sie sich am Wachsen und Gedeihen der eigenen Pflanzen. Erfreuen Sie sich an den immer wie-

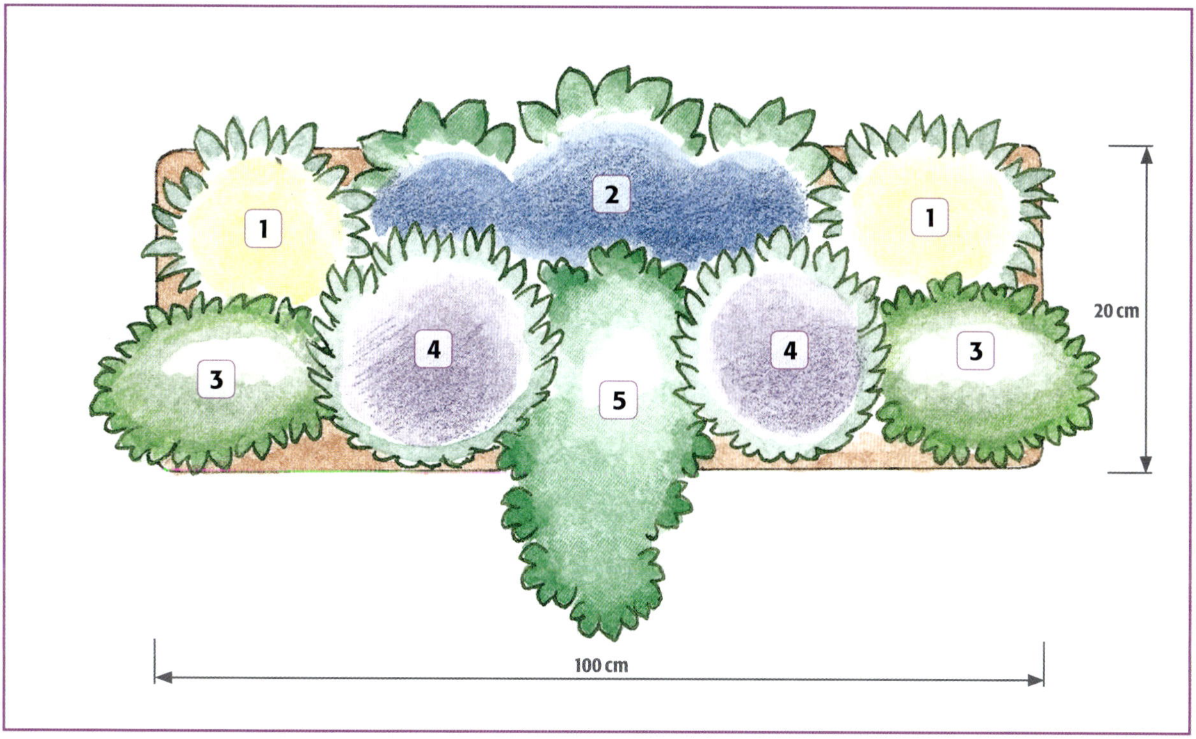

Was Sie brauchen

1 2 × **Currykraut** *(Helichrysum italicum)*, silberfarbenes Blatt

2 3 × **Vanilleblume** *(Heliotropium arborescens)* 'Marine', violettblau

3 2 × **Zitronen-Thymian** *(Thymus × citriodorus)*, weiß-grün-blättrig

4 2 × **Lavendel** *(Lavandula angustifolia)* 'Hidcote Blue', dunkelblau

5 1 × **Mottenkönig, Weihrauch** *(Plectranthus forsteri)* 'Marginatus', weißgrün panaschiertes Blatt

Was Sie auch nehmen können

Statt 2 3 × **Duft-Pelargonie** *(Pelargonium × hortorum)* 'Citronella', rosa mit Auge.

Doppelt gut: Viele duftende Aromapflanzen lassen sich auch in der Küche verwenden.

der neu gebildeten Blüten oder den filigranen Blättern, am Besuch der Bienen und bunten Schmetterlinge.

Wie Sie pflanzen

In diesem Balkonkasten sind fünf Pflanzenarten miteinander kombiniert. Jede verströmt eine andere Duftnote. Gemeinsam ergeben sie ein wohlriechendes, würziges Duftgemenge, wie es sonst nur im mediterranen Klima vorkommen kann. Die vorwiegend blauen Farbtöne der Blüten zaubern zudem eine entspannte und sehr erholsame Feierabendstimmung.

Herrlichen Vanilleduft verbreitet die **Vanilleblume**, auch Heliotrop genannt. Die Pflanzen wachsen aufrecht und werden im Balkonkasten je nach Sorte bis zu 50 Zentimeter hoch. In diesem Kasten ist sie die dominante Leitpflanze, die über den Sommer zuverlässig tiefdunkelblaue Blütendolden entwickelt. Für die hintere Reihe ist die Sorte 'Marine' schon aufgrund ihrer Wuchshöhe besser geeignet als beispielsweise die kompakt wachsende Sorte 'Mini-Marine'.

Links und rechts daneben wird das **Currykraut** gepflanzt. Hier ist es das feine, silbrig glänzende Laub, das sofort ins Auge sticht. Die gelben, zierlichen Blüten erscheinen meist verspätet, ohne großes Aufsehen zu machen. Wer die »Fingerprobe« machen will und die Blätter zwischen Daumen und Zeigefinger reibt, kann das ganze Aroma der Macchia erahnen.

Gleiches gilt auch für den **Zitronen-Thymian**, der einen erfrischenden Zitronenduft in seinen Blättern verbirgt. Die Pflanzen wachsen polsterartig und sind deshalb in der vorderen Reihe bestens platziert. Die Blüten zeigen sich eher unscheinbar, aber das zierliche weiß-grüne Blatt wirkt äußerst elegant.

Lavendel-Jungpflanzen wachsen verhältnismäßig langsam und werden bis zum Herbst etwa 40 Zentimeter hoch. Über das silbergraue Laub schieben sich zarte blaue Blütenrispen. Das intensive Aroma macht den Lavendel zu einer klassischen Duftpflanze.

Der **Mottenkönig** verbreitet den Duft von Weihrauch, darum wird er in manchen Gegenden auch Weihrauch-Pflanze genannt. Freilich ist dies nicht jedermanns Geschmack, aber schon aufgrund seiner Wuchskraft und der attraktiv gemusterten Blätter ist er fast ein Muss.

Wie Sie pflegen

Alle Pflanzenarten in diesem Balkonkasten bevorzugen einen sonnigen und warmen Standort. Ob Currykraut, Lavendel oder Zitronen-Thymian, im Grunde genommen sind sie alle äußerst anspruchslos. Neben dem richtigen Standort sollte lediglich auf ausreichende Wasser- und Nährstoffversorgung geachtet werden. Staunässe ist in jedem Fall zu vermeiden.

Der **Mottenkönig** ist zudem ein Paradebeispiel für besonders robuste Balkonpflanzen. Bis zum Herbst bilden sich bis zu zwei Meter lange Triebe, die immer noch attraktiv erscheinen, wenn sich viele andere Pflanzenarten bereits verabschiedet haben.

Nur die **Vanilleblume** tanzt in dieser Gesellschaft ein wenig aus der Reihe. Sie fühlt sich nur wohl, wenn sie wirklich regelmäßig mit Wasser versorgt wird. Bei unzureichender Wasserversorgung können Blattverbrennungen auftreten. Dabei trocknen die Blätter buchstäblich ein und färben sich fast schwarz. Ein Balkonkasten mit Wasservorrat kann diesbezüglich den Pflegeaufwand sehr erleichtern. Die abgeblühten Blütendolden der Vanilleblume verbräunen, daher empfiehlt es sich, diese auszuschneiden, um dem weiteren Blütenflor eine Chance zu geben. Wer möchte, kann die Vanilleblume nach der Balkonsaison umtopfen und hell und kühl überwintern. Mit etwas Geschick können die Pflanzen im nächsten Jahr wieder verwendet oder als Kübelpflanze herangezogen werden.

Der **Lavendel** gehört nach der Balkonsaison unbedingt ins Freie gesetzt. Ausgepflanzt sind diese Stauden mehrjährig und durchaus winterhart. Eine Überwinterung im Balkonkasten ist weniger ratsam, weil der Wurzelballen frostgefährdet ist und die Pflanzen meist vertrocknen.

Als Alternative zur etwas anspruchsvolleren Vanilleblume kommt die Duft-Pelargonie in Frage. Duft-Pelargonien bilden vergleichsweise wenige, aber sehr attraktive Blüten. Die Sorte 'Citronella' verbreitet einen angenehmen Zitronenduft. Es gibt aber auch Sorten, die nach Apfel, Kiefer oder Minze riechen.

Mediterranes Terrassenbeet

Die Terrasse wird umrahmt durch ein üppig blühendes Blütenmeer aus gelb, blau und weiß blühenden Stauden. Ein Farbdreiklang, der Ruhe ausstrahlt und dennoch nicht langweilig wirkt. Dafür sorgen die unterschiedlichsten Blau- und Gelbtöne ebenso wie die verschiedenen Pflanzengestalten und Blütenformen. Wie hoch jeweils das Verhältnis der Blütenfarben zueinander sein soll, richtet sich nach Ihren eigenen Vorlieben.

Besonders wirkungsvoll sind die leuchtend enzianblauen Blüten der Ochsenzunge und die markanten Blüten- und Fruchtstände des Brandkrauts. Dauerblüher wie die Garben oder die Färberkamille garantieren einen langen Blütenflor. Anschließend verlängern die attraktiven Fruchtstände von Kugeldisteln und Brandkraut die Dauerwirkung, ergänzt von den reizvollen, duftigen Blüten des Lampenputzergrases.

Was Sie brauchen

1 5 × **Gold-Garbe** *(Achillea filipendulina)* z. B. 'Coronation Gold', 'Parker's Variety'

2 5 × **Tausendblättrige Garbe** *(Achillea millefolium)*, weiße Sorte

3 5 × **Italienische Ochsenzunge** *(Anchusa azurea)*

4 7 × **Färberkamille** *(Anthemis × hybrida)*, z. B. 'E. C. Buxton', 'Kelwayi', 'Sauce Hollandaise'

5 3 × **Kugeldistel** *(Echinops ritro)*, 'Veitch's Blue'

6 1 × **Rauer Alant** *(Inula hirta)*

7 5 × **Samos-Brandkraut** *(Phlomis russeliana)*

8 4 × **Hain-Salbei** *(Salvia nemorosa)*, verschiedene Sorten in Weiß und Blau, z. B. 'Adrian', 'Blauhügel', 'Mainacht'

9 3 × **Schwarze Königskerze** *(Verbascum nigrum)*

10 3 × **Lampenputzergras** *(Pennisetum alopecuroides)*, z. B. 'Hameln', 'Weserbergland'

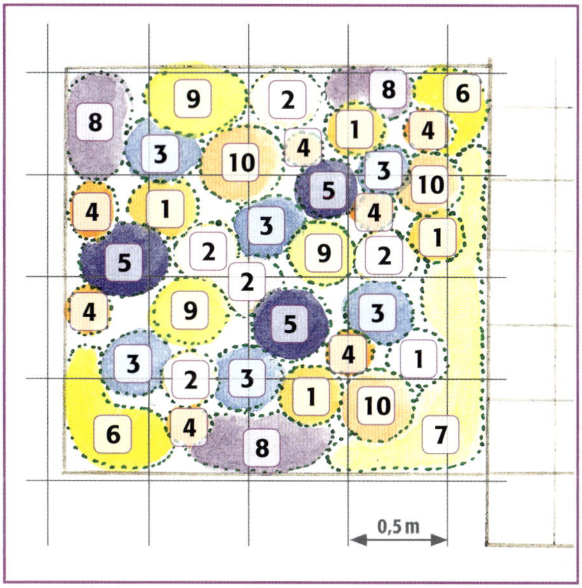

Was Sie auch nehmen können

Statt **1** oder **2** **Pracht-Garbe** *(Achillea)* 'Credo' oder 'Hella Glashoff'

Statt **5** **Alpen-Mannstreu** *(Eryngium alpinum)* 'Blue Star' oder **Kleiner Mannstreu** *(Eryngium planum)* 'Blauer Zwerg'

Statt **6** **Band-Goldrute** *(Solidago caesia)*

Statt **8** **Kaukasus-Katzenminze** *(Nepeta racemosa)* z. B. 'Snowflake', 'Superba' oder 'Odeur Citron'

Statt **9** **Fädige Palmlilie** *(Yucca filamentosa)*

Statt **10** **Atlas-Schwingel** *(Festuca mairei)*

Die zartgelben Königskerzen kommen im Hintergrund am besten zur Geltung.

Wird der Rückschnitt der Stauden auf das Frühjahr verschoben, dann können Raureif und Schnee die Grashorste und Fruchtstände in einen Wintertraum verzaubern.

Wie Sie pflanzen

Voraussetzung für dieses Staudenbeet ist ein sonniger Standort. Alle verwendeten Pflanzen sind wärmeliebend und benötigen einen offenen, durchlässigen Boden. Eine dauerhafte, langlebige Pflanzung entwickelt sich bei dieser Staudenauswahl nur bei günstigen Boden- und Standortvoraussetzungen. Schwere Lehmböden sind ungeeignet, denn darin sind manche Arten einfach zu kurzlebig.

Gepflanzt wird entsprechend der Höhenstaffelung. Die niedrigen Stauden wie **Hain-Salbei** und **Rauer Alant** bilden den Vordergrund, den Abschluss zur Terrassenfläche. Sie werden wie auch das **Samos-Brandkraut** in kleineren Gruppen gepflanzt, da sie flächig verwendet am besten zur Geltung kommen.

Die höher werdenden Arten wie die **Schwarze Königskerze** pflanzen Sie unregelmäßig verteilt in den Hintergrund. Sie werden einzeln gesetzt, damit die ausgefallene Wuchsform herausragt. Auch das **Lampenputzergras** zeigt einzeln gepflanzt seine volle Schönheit.

Ergänzt werden kann die Pflanzung durch gelb und blau blühende Gehölze wie Fingerstrauch *(Potentilla)*,

Schmetterlingsstrauch *(Buddleja)* und Johanniskraut *(Hypericum)*.

Gepflanzt wird im zeitigen Herbst oder im Frühjahr. Beim Austrieb der Stauden ist auf Schnecken zu achten. Besonders der Hain-Salbei ist bei ihnen sehr begehrt.

Wie Sie pflegen

Im Frühjahr, kurz nach dem Austrieb, sollte mit 60–80 g/m² eines organischen oder mineralischen Volldüngers gedüngt werden.

Nach der Blüte sollte man den **Hain-Salbei** bis auf den Boden zurückschneiden, um eine Zweitblüte im September zu erzielen. Eine zweite Düngung (40 g/m²) und Wässern nach dem Rückschnitt fördert den Blütenansatz.

Wenn die verblühten Blüten der beiden **Garben** laufend ausgeschnitten werden, verlängert sich der Blütenflor um Wochen.

Das **Samos-Brandkraut** ist ebenso dekorativ wie pflegeleicht. Die Blütenstände bleiben auch nach der Blüte noch attraktiv und bilden einen reizvollen Winterschmuck. Bei zu starker Ausbreitung kann die Staude durch Abstechen problemlos verkleinert werden.

Färberkamille und **Ochsenzunge** sind kurzlebig und müssen alle 3–4 Jahre nachgepflanzt werden. Die Lebensdauer kann man verlängern, indem man die ganze Pflanze nach der Blütezeit bis zur Basis zurückschneidet, um die Bildung von Erneuerungsknospen für den Austrieb im nächsten Jahr zu fördern.

Auch **Schwarze Königskerzen** sind kurzlebig, sie versamen sich aber reichlich und überraschen immer wieder durch ihr spontanes Auftreten.

Das **Lampenputzergras** wird wie alle Gräser erst im Frühjahr zurückgeschnitten. Es wirkt im Winter sehr zierend, und das Laub bildet gleichzeitig einen Winterschutz.

Mulchen mit Kies oder Splitt

Bei dieser Pflanzung ist eine Mulchschicht aus Kies oder Splitt empfehlenswert. Sie verringert die Verdunstung von Bodenwasser und die Keimung von Unkräutern. Die Bodenoberfläche verschlämmt nicht, und die Gefahr ist geringer, dass der Untergrund bei Pflegearbeiten verdichtet wird. Als Mulchmaterial bieten sich mineralische Stoffe wie Gesteinssplitt, Kies, Blähschiefer oder Recyclingstoffe wie Ziegelsplitt an. Als feinere und leichter zu bearbeitende Körnung empfiehlt sich Splitt oder Kies in der Größenordnung 5–8 mm. Feinere Materialien sollten Sie dagegen nicht verwenden, da sich sonst leichter Unkräuter ansiedeln können. Wenn Sie beispielsweise aus ästhetischen Gründen etwas gröberes Material bevorzugen, wählen Sie am besten die Körnung 8–16 mm. Egal für welches Material Sie sich entscheiden: Eine 5–8 cm dicke Schicht – das entspricht etwa 50–80 Liter pro Quadratmeter – ist völlig ausreichend.

Tipp

Nutzen Sie die Sortenvielfalt, die in den Staudengärtnereien angeboten wird. Bei der Färberkamille, beim Hain-Salbei und den Garben gibt es eine Vielzahl von Sorten, die sich in Blütenfarbe und -form sowie Blütezeit unterscheiden.

Gelb-Blau: leuchtstarke Kastenkombi

In diesem Blütenmix setzen Farben und Formen die spannungsreichen Gegensätze. Die blauvioletten Blütenkerzen des Mehl-Salbeis umrahmen die goldgelben Strauchmargeriten. Die blauen »Fächerblüten« der *Scaevola aemula* greifen nach den gelben Blütensternen des Zweizahns. Der Gauchheil entfacht ein faszinierendes königsblaues Blütenmeer und versprüht darüber hinaus Charme und noble Eleganz.

Traumpartner gesucht

Diese leuchtstarke Pflanzidee ist die klassische Umsetzung der Farbenlehre. Das Erfolgsduo sind die Komplementärfarben Violett und Gelb, die sich im klassischen Farbkreis genau gegenüberstehen und immer bestrebt sein werden, sich gegenseitig in der Leuchtkraft zu übertreffen. Auch andere Traumpartner finden sich so scheinbar ganz von alleine.

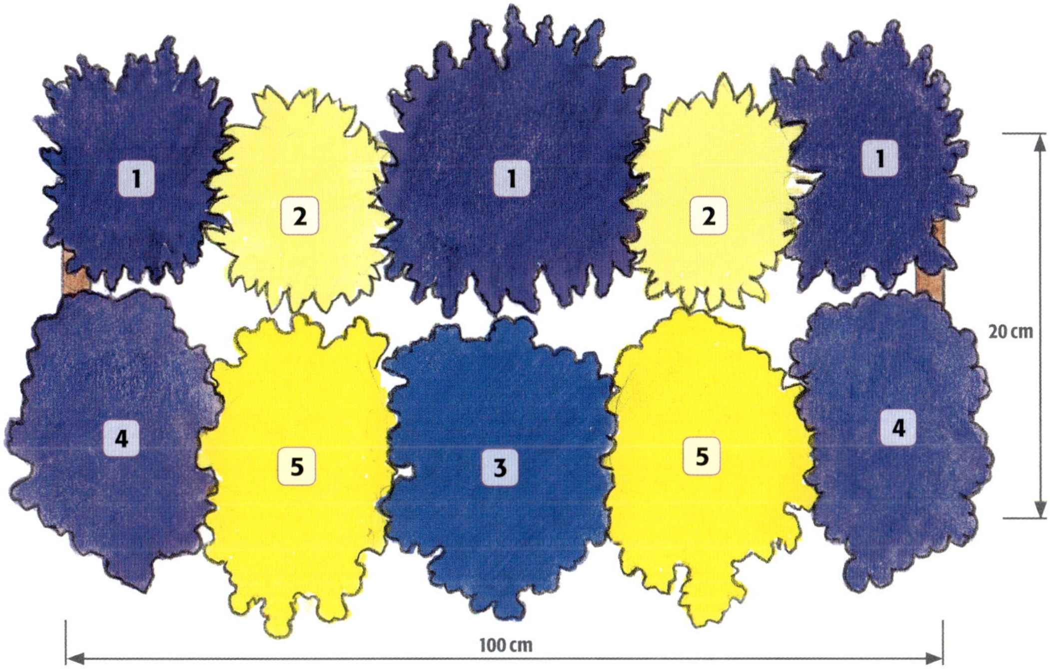

Was Sie brauchen

1 3 × **Mehl-Salbei** *(Salvia farinacea)* 'Viktoria', blau

2 2 × **Strauchmargerite** *(Argyranthemum frutescens)* 'Butterfly', gelb

3 1 × **Gauchheil** *(Anagallis monelli)* 'Skylover', königsblau

4 2 × **Blaue Fächerblume** *(Scaevola aemula)* 'Saphira', blau

5 2 × **Zweizahn** *(Bidens ferulifolia)* Solaire 'Compact', gelb

Was Sie auch nehmen können

Statt 3 1 × **Blaues Gänseblümchen** *(Brachyscome iberidifolia)* Brasco 'Violet', violettblau

Statt 5 2 × **Husarenknopf** *(Sanvitalia procumbens)* 'Superbini', gelb

Kräftige Komplementärfarben sind immer ein Hingucker.

Wie Sie pflanzen

Für diese Pflanzkombination sind insgesamt fünf Arten vorgesehen, die sich in den Blütenfarben hervorragend ergänzen. In der hinteren Reihe stehen die buschigen **Strauchmargeriten.** Der goldgelben Sorte 'Butterfly' könnte man durchaus das Prädikat »zuverlässig, bestens bewährt« verleihen. Willig verzweigend und überaus reich blühend, gehört sie schon fast zu den Balkonklassikern. Grazil und schlank im Vergleich dazu schieben die **Salvien** ihre tiefblauen Blütenkerzen zwischen den gelben Margeritenblüten nach oben und sorgen für den richtigen Rahmen. Dabei erweisen sie sich als äußerst robust und wetterfest. Selbst Wind und Sturm können dem robusten Mehl-Salbei kaum etwas anhaben.

Am Rande der vorderen Reihe wird die blaue **Fächerblume** gepflanzt. Die zahlreichen Seitentriebe wachsen schnell über den Kastenrand und übernehmen schon bald die Funktion einer Hängepflanze. In jeder Blattachsel werden unentwegt neue Blüten gebildet. Also, am besten die Pflanzen schön bei »Laune halten« und man kann bald ein »blaues Wunder« erleben. Die neuen Sorten erweisen sich erfreulicherweise als noch kompakter und produzieren deshalb weniger ungeliebte Peitschentriebe. Die Sorte 'Saphira' erfüllt diese Eigenschaft besonders zuverlässig.

Zwei ***Bidens***-Pflanzen im Balkonkasten sind mengenmäßig fast schon zu viel, aber dann doch der erhoffte »Augenschmaus«. Freilich kann das überschwängliche Wachstum des Zweizahns zur Plage werden, aber bei der richtigen Sortenwahl reduziert sich diese Sorge mittlerweile erheblich. Auch der **Gauchheil** wird sich deshalb nicht davon abbringen lassen, seine faszinierenden Blüten zu öffnen und den Betrachter immer wieder zum Staunen zu bringen. Die warmen und langen Sommertage weben wahre Blütenteppiche in faszinierendem Königsblau.

Wie Sie pflegen

Die Schönheit der **Strauchmargeriten** steht und fällt mit dem richtigen Standort und der Pflege. Liebend gerne stehen sie an einem warmen und hellen Plätzchen, bevorzugt in der prallen Sonne. Damit dies stressfrei ablaufen kann, darf die Bewässerung und vor allem die Düngung nicht vernachlässigt werden. Am liebsten würden sie mit jedem Gießvorgang etwas Nahrung erhalten. Trockenheit verzeihen die Pflanzen nur in Ausnahmefällen, und es bedarf schon einigen Geschicks, um die Pflanzen wieder aufzurichten. Abgeblühte Blumen sind schon aus ästhetischen Gründen zu entfernen, aber auch um die ganze Pflanzenkraft für neue Blütenflore zu erhalten. Leider werden die gelben **Strauchmargeriten** liebend gern von der Minierfliege befallen, optisch erkennbar an den gelblichen Fraßgängen in den Blättern. Schon mit dem ersten Befall sind Pflanzenschutz-Maßnahmen zu ergreifen, zum Beispiel mit »Lizetan«-Stäbchen, ansonsten ist die Gartenmargerite ernsthaft gefährdet.

Der **Mehl-Salbei** bleibt diesbezüglich eher verschont, wird aber von Läusen geliebt. Auch hier helfen »Lizetan«-Stäbchen. Schon bei der Bepflanzung sollte darauf geachtet werden, dass der Mehlsalbei gestutzt wird, um den buschigen Aufbau zu erhalten.

Die blaue **Fächerblume** bevorzugt eine schwach saure Pflanzerde. Damit ist sie besonders wüchsig und der häufig beobachtete Eisenmangel (gelbe Blattaufhellungen) tritt nicht auf. Der biologische Eisendünger »Opti-Fer« kann hier wertvolle Dienste leisten.

Der **Zweizahn** benötigt, abgesehen von ausreichender Bewässerung und Ernährung, keine spezielle Pflege. Er gehört zu den selbstreinigenden Pflanzen. Der einfache Trick besteht darin, dass die neuen Blüten die alten und abgeblühten einfach überwachsen und sich die Pflanze so zu jeder Zeit äußerst attraktiv präsentiert.

Der **Gauchheil** lässt sich mit den ersten Blüten zunächst sehr viel Zeit. Aber ab Mitte Mai ändert sich dies grundlegend und die Pflanze zeigt auch ohne besonderen Pflegeaufwand ihre wirklich makellose Schönheit. Bei regelmäßiger Wasserversorgung und ausreichender Nachdüngung kann sich der Gauchheil auch gegenüber dem robusten Zweizahn behaupten.

Tipp

Einige Sorten des Zweizahns sind ausgesprochen starkwachsende Wucherer und bedrängen damit manch zierliche Nachbarpflanze. Hier gibt es nur zwei Möglichkeiten: Auf eine schwachwachsende Sorte des Zweizahns ausweichen oder in dessen Nachbarschaft ausschließlich starkwachsende, dominante Arten verwenden. Beispiele dafür sind Geranien, Petunien, Gartenmargeriten, Aschenranke.

Prachtvolle Rabatte in Gelb-Blau

Eine prachtvolle Rabatte, deren Farbgebung dem klassischen Farbdreiklang in Blau, Weiß und Gelb folgt. Das wunderschöne Farbenspiel kann mit vielen Sommerblühern verwirklicht werden. Dauerblüher wie Sonnenauge, Sonnenbraut, Stauden-Sonnenblume und Quirlblättriges Mädchenauge tragen dazu bei, dass die Rabatte wochenlang blüht, wobei der Blütenhöhepunkt im Juli liegt.

Bei der Pflanzenauswahl kann man aus dem Vollen schöpfen, da es eine Fülle von blau, gelb und weiß blühenden Stauden mit ähnlichen Ansprüchen gibt. Hinzu kommt bei vielen Arten eine Sortenvielfalt, die eine Auswahl nach persönlichem Geschmack ermöglicht.

Allerdings verlangt eine solche Rabatte auch etwas Pflege. Einige Stauden blühen ein zweites Mal, wenn

Prachtvolle Rabatte in Gelb-Blau

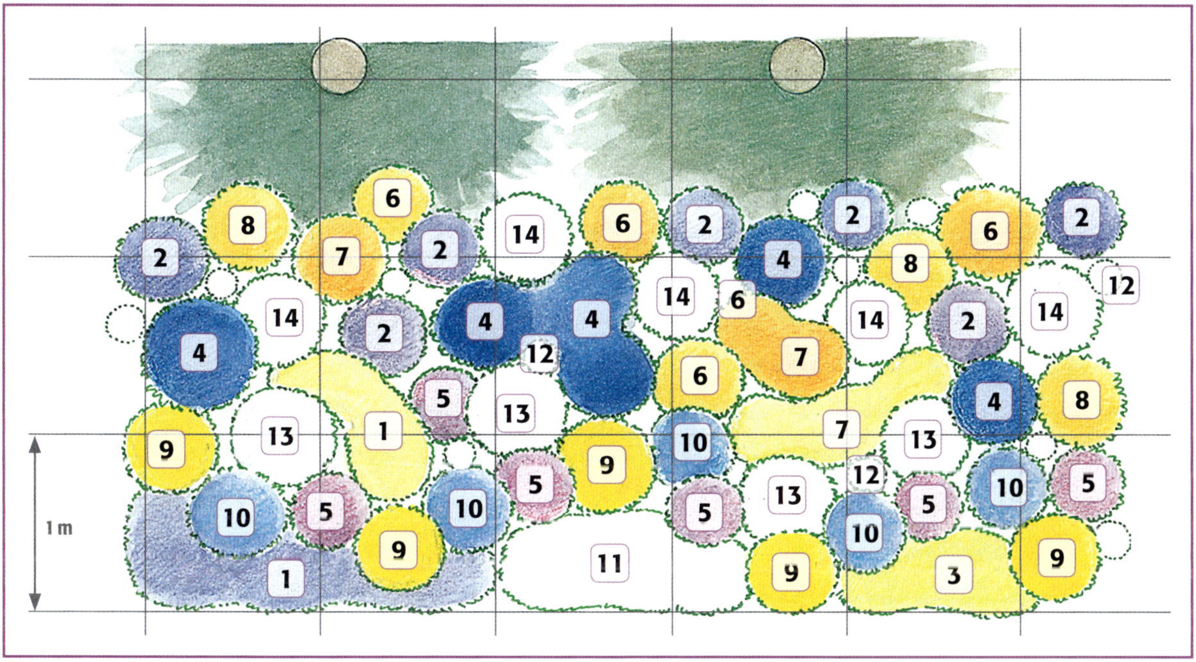

Was Sie brauchen

1 5 × **Kissen-Aster** (*Aster* Dumosus-Gruppe), blaue Sorte, z. B. 'Prof. Anton Kippenberg', 'Lady in Blue'

2 7 × **Glattblatt-Aster** *(Aster novi-belgii)*, blaue Sorte, z. B. 'Dauerblau', 'Schöne von Dietlikon'

3 5 × **Quirlblättriges Mädchenauge** *(Coreopsis verticillata)* 'Grandiflora'

4 6 × **Hoher Garten-Rittersporn** (*Delphinium* Elatum-Gruppe), blaue Sorte, z. B. 'Lanzenträger', 'Polarnacht'

5 6 × **Feinstrahlaster** *(Erigeron)* 'Dunkelste Aller'

6 5 × **Sonnenbraut** *(Helenium)*, gelbe Sorte, z. B. 'Kanaria', 'Goldrausch'

7 4 × **Stauden-Sonnenblume** *(Helianthus decapetalus)*

8 3 × **Sonnenauge** *(Heliopsis helianthoides)*

9 6 × **Taglilie** *(Hemerocallis)*, gelbe Sorte

10 5 × **Wiesen-Iris** *(Iris sibirica)*, blaue Sorte, z. B. 'Dreaming Spire', 'Mountain Lake'

11 5 × **Sommer-Margerite** (*Leucanthemum* Superbum-Gruppe) 'Gruppenstolz'

12 3 × **Vexiernelke** *(Lychnis coronaria)* 'Alba'

13 4 × **Edel-Pfingstrose** (*Paeonia* Lactiflora-Gruppe), weiße Sorte

14 5 × **Stauden-Phlox** (*Phlox* Paniculata-Gruppe), weiße Sorte, z. B. 'Pax', 'Schneeferner'

man sie zurückschneidet. Andere müssen aufgebunden werden, damit sie ihre volle Schönheit zeigen. Entlohnt werden Sie jedoch reichlich durch die Dauerblüte und die sich immer wieder ändernden Blütenkombinationen mit ihren unterschiedlichen Farben und Formen.

Wie Sie pflanzen

Diese üppige Rabatte fordert einen repräsentativen Standort in sonniger Lage. Voraussetzung ist ein frischer, nährstoffreicher und tiefgründiger Lehmboden. Besonders wirkungsvoll ist diese Pflanzung vor einer Mauer, Hecke, Hauswand oder auch vor einer Gehölzgruppe.

Die Höhenstaffelung der Stauden von vorne nach hinten bietet die Möglichkeit, auch hohe Arten wie Rittersporn und Glattblatt-Astern voll zur Geltung zu bringen. Den Vordergrund bilden Sommer-Margerite, Mädchenauge und Kissen-Aster, die gruppenweise gepflanzt werden. Kombiniert mit Taglilien und Wiesen-Iris entstehen reizvolle Kontraste.

Pfingstrosen pflanzt man am besten im Frühherbst. Sie werden flach gesetzt und höchstens mit 3 cm Erde bedeckt. Zu tiefes Einpflanzen führt zu Kümmerwuchs und Blühfaulheit. Von Edel-Pfingstrosen gibt es eine Fülle von Sorten, die sich in Blütenform und -farbe unterscheiden. Hier sind die weißen Sorten zu bevorzugen. Gefüllte weiß blühende Sorten duften besonders intensiv.

Alle anderen Stauden können im Herbst oder Frühjahr gepflanzt werden.

Wie Sie pflegen

Damit diese Rabatte auch ihre ganze Blütenpracht entfacht, ist eine regelmäßige Düngung unbedingt erforderlich. Eine jährliche Gabe von 80 g/m² Volldünger ist empfehlenswert. Sinnvoll ist auch das Überziehen der

Nur wer genau hinsieht, erkennt hier die Stützen für die hohen Blütenkerzen der Rittersporne.

Beete mit Kompost im Herbst oder Winter. Wenn der Kompost in einer Schichtdicke von 3–4 cm aufgetragen wird, wird die Bodenstruktur verbessert, und die Stauden profitieren von den zusätzlichen Nährstoffen.

Hohe Garten-Rittersporne und **Feinstrahlastern** remontieren, das heißt, sie blühen ein zweites Mal; dazu muss man sie nach der Blüte bis auf den Boden zurückschneiden. Eine zweite Düngergabe in Höhe von 40 g/m² und Wässern in Trockenzeiten unterstützt, dass die Stauden schnell wieder austreiben und erneut Blüten ausbilden. Zu empfehlen ist außerdem der Schutz des jungen Austriebs vor Schnecken.

Bei **Sonnenauge**, **Stauden-Sonnenblume** und **Sommer-Margerite** unterstützt das laufende Ausschneiden der verwelkten Blüten die Dauerblüte.

Bei der **Edel-Pfingstrose** werden die Blütenstände ausgeschnitten, um die kraftzehrende Samenbildung zu vermeiden.

Nach der Blüte sollte man auch die abgeblühten Blüten einschließlich der Blütenstiele von **Wiesen-Iris** und **Taglilie** ausschneiden.

Der **Stauden-Phlox** versamt sich, und die Sämlinge blühen meist schwächer und andersfarbig. Deshalb sollte man die abgeblühten Blüten rechtzeitig entfernen.

Die **Vexiernelke** ist kurzlebig, aber sie versamt sich reichlich und taucht so an allen möglichen Stellen im Garten auf. Wenn zu viele Sämlinge keimen, können diese leicht entfernt werden.

Astern müssen in Trockenzeiten ausreichend gewässert werden, um dem Befall mit Echtem Mehltau vorzubeugen.

Bei Bedarf sollte man **Glattblatt-Astern** und **Hohe Garten-Rittersporne** stäben.

Aufbinden und Stäben

Hochwüchsige Stauden sind oft standschwach, insbesondere wenn ihnen Wind und Regen zusetzen. Um Stauden vor dem Auseinanderfallen zu bewahren, müssen sie rechtzeitig gestützt werden.
Bei allen Stäbemaßnahmen sollte man folgende Punkte beachten:

- Als oberstes Gebot gilt, dass die natürliche Wuchsform der Staude beibehalten wird.
- Die Stäbe oder Stützen sollten immer so angebracht werden, dass sie möglichst verdeckt in der Pflanze stehen und so wenig wie möglich auffallen.
- Stäbearbeiten müssen vor allem rechtzeitig ausgeführt werden, bevor die Stauden ihre Endhöhe erreicht und Unwetter ihnen zugesetzt haben. Denn wenn die Triebe bereits umgefallen sind, hilft ihnen das Stäben auch nicht mehr.

Tipp

Bei einigen Stauden geben wir keine Sortenangabe oder -empfehlung, da es hier eine Vielzahl von Sorten mit nur geringfügigen Unterschieden gibt. So zum Beispiel bei Stauden-Sonnenblume oder Sonnenauge. Alle Sorten blühen gelb, sie unterscheiden sich lediglich durch Farbnuancen und die Blütenform – ungefüllt bis gefüllt. Hier sollte Ihr persönlicher Geschmack entscheiden.

Weiß: dezent, modern und lässig

Ton in Ton ist in! In diesem Arrangement sind es die Farben Weiß und Silber, die für einen unwiderstehlichen Blickfang sorgen. Das moderne Design präsentiert sich hier elegant, aber durchaus natürlich. Schlank und grazil erheben sich die weißen Blütenrispen der Präriekerze aus der Mitte der Bepflanzung und verzaubern auf ihre besondere Art und Weise. Die silberfarbenen Strukturpflanzen unterstreichen die edle Optik und haben den Auftrag den Auftritt der weißen Präriekerze zu unterstützen. Es gelingt vorzüglich! Der Zauberschnee und der Duftsteinrich sind die weiteren bewährten Partner in diesem gelungenen Kunstwerk. Beide geben einfach alles und entwickeln unaufhörlich Blüten, den ganzen Sommer lang. So entstehen duftige weiße Wolken vor silber-grünem Hintergrund.

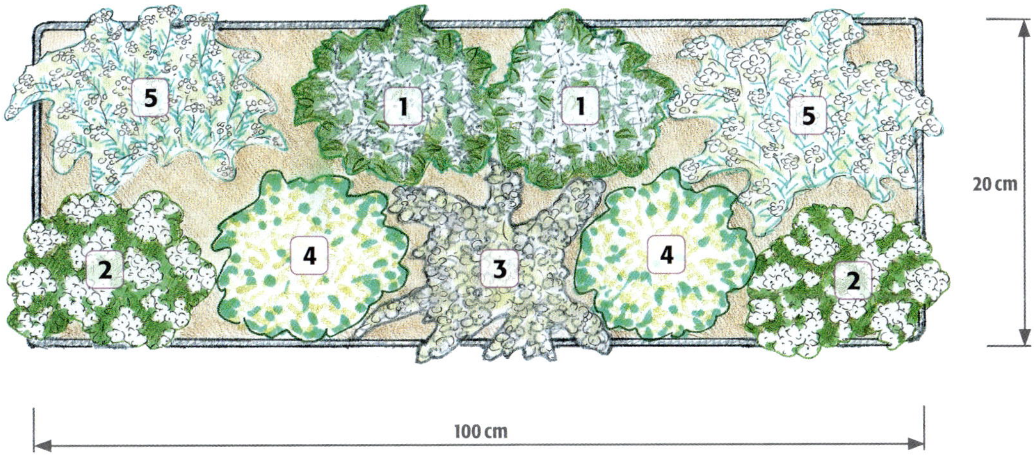

Was Sie brauchen

1 2 × **Präriekerze** (*Gaura lindheimeri*) 'Karlee White', weiß

2 2 × **Duftsteinrich** (*Lobularia maritima*) 'Snow Princess', weiß

3 1 × **Aschenranke** (*Helichrysum petiolare*) 'Silver', silberfarbenes Blatt

4 2 × **Zauberschnee** (*Euphorbia hypericifolia*) 'Diamond Frost', weiß

5 2 × **Currykraut** (*Helichrysum italicum*) 'Silvery White', silberfarbenes Blatt

Was Sie auch nehmen können

Statt 1 **2 stehende Geranien** (*Pelargonium zonale*) 'Survivor White', weiß

Statt 2 **2 Petunien** (*Petunia*-Hybriden) Surfinia 'White', weiß

Statt 3 1 × **Gundermann** (*Glechoma hederacea*) 'Variegata', weißbuntes Blatt

Der Zauberschnee (l. u. re. vorne im Kasten) lockert mit seinen Blütchen jede Pflanzung auf.

Wie Sie pflanzen

Dieser Pflanzvorschlag vereint Ästhetik und Leichtigkeit und trifft damit eine moderne Geschmacksrichtung sehr genau. Mitverantwortlich dafür sind die weißen Blütenrispen der *Gaura lindheimeri*. Die **Präriekerze** wird in zentraler Position in der hinteren Reihe gepflanzt. Die Blüten sitzen auf dünnen, langen Stielen und tanzen im Wind wie ein Schwarm weißer Schmetterlinge. Die direkten Nachbarpflanzen versuchen dieses sommerliche Treiben fortzusetzen.

Direkt neben der Präriekerze befindet sich das feinlaubige, auch **»Currykraut«** genannte *Helichrysum italicum*. Die silberfarbene Optik ist die ideale Ergänzung zu den weißen Blütenfarben. An warmen Tagen lässt ein würziger Duft in der Luft erahnen woher der umgangssprachliche Name kommt.

Ein neuer Topstar im Balkonpflanzensortiment ist der **Zauberschnee** *(Euphorbia hypericifolia)*. Dieses Multitalent findet in der vorderen Reihe seinen Platz. Seine wahren Stärken zeigt es immer dann, wenn es sich in

Pflanzgemeinschaften entwickeln darf. Buschig, mit kräftigem Wuchs umspielt es mit filigranen weißen Blüten die gesamte Nachbarschaft. Davon profitiert die Optik der gesamten Bepflanzung.

Ebenfalls ein Senkrechtstarter unter den Neuzüchtungen sind die neuen **Lobularien**. Mit einem Meer von weißen Blütentrauben gehört die Sorte 'Snow Princess' zu den besonders reich blühenden Balkonblumen. Im Laufe des Sommers entwickeln sich überdimensionale Blütenkissen, die weit über den Kastenrand ragen. Mit intensivem Honigduft lockt sie Bienen und andere Insekten an.

Verzichten Sie auch nicht auf die silberfarbene Aschenranke. Diese starkwüchsige Strukturpflanze sorgt in der vorderen Reihe für ständig neue Überraschungen. Die Neuaustriebe erscheinen aus allen Richtungen und verleihen den weißen Blüten rings umher eine zusätzliche edle Note.

Wie Sie pflegen

Alle Pflanzen in dieser Kombination sind ausgesprochen robust und pflegeleicht. Eigentlich die ideale Lösung für alle, die wenig Zeit für die Blumenpflege aufbringen können. Natürlich ist eine regelmäßige Wasser- und Düngerversorgung notwendig. Aber selbst dies kann man sich ersparen, wenn eine halb- oder vollautomatische Bewässerung installiert ist. Die Nährstoffversorgung kann auch über eine Langzeitversorgung mittels Depotdüngern erfolgen. Nähere Informationen dazu finden Sie im Praxisteil.

Die **Präriekerze** stammt ursprünglich aus den Steppen Nordamerikas. Der natürliche Standort gibt den Hinweis darauf, was diese Pflanzen schätzen: Ein warmes, sonniges Plätzchen und lieber einen trockenen Fuß, als übermäßige Wassergaben. Staunässe sollte in jedem Fall vermieden werden.

Deutlich weniger anspruchsvoll sind das **Currykraut** und die **Aschenranke**. Unsere beiden Strukturpflanzen sind außerordentlich robust und wüchsig. Eine besondere Pflege verlangen beide nicht. Sollte die Aschenranke übermütig werden und zu stark wuchern, darf durchaus zur Schere gegriffen werden.

Der **Duftsteinrich** blüht, unabhängig ob volle Sonne oder im Halbschatten zuverlässig von April bis zum ersten Frost. Die Neuzüchtungen sind von Natur aus besonders wuchsfreudig. Wer ihnen und sich zusätzlich Gutes tun will, darf gerne eine Extragabe Dünger verabreichen. Damit bleiben die Pflanzen wüchsig und blühen nachhaltig. Der Duftsteinrich kann auch einmal trockener stehen, Staunässe verträgt er dagegen nicht.

Für den **Zauberschnee** gilt im Grunde dasselbe. Bei guter Ernährung und dosierter Wasserversorgung gedeihen die Pflanzen üppig. Ob auf dem Blumenbeet oder im Balkonkasten der Zauberschnee produziert Blüten um Blüten. Ein Rückschnitt oder das Ausschneiden von Verblühtem ist nicht notwendig. Die Pflanzen regenerieren sich ständig aufs Neue und präsentieren sich so immer von ihrer besten Seite.

Tipp

Weiße Balkonbepflanzungen kommen immer dort besonders gut zur Wirkung, wo der Hintergrund dunkel abgesetzt ist.

Zeitlos schöner Klassiker: der weiße Garten

Gärten ganz in Weiß gehören zu den Klassikern der Gartengestaltung. In der Farbensymbolik bezeichnet Weiß das Reine und Vornehme. Es bringt Helligkeit in den Garten und macht ihn freundlicher. Ein weißer Garten verschönert die Sommerabende, denn weiße Blumen leuchten auch noch nach Sonnenuntergang. Die Spannung eines weißen Gartens beruht auf den unterschiedlichen Strukturen, Blatt- und Blütenformen. Je unterschiedlicher diese sind, desto eindrucksvoller gestaltet sich die Pflanzung. Schöne Kontraste bilden etwa die duftigen Blütenwolken des Riesenschleierkrautes mit den dichten Dolden der Tausendblättrigen Garbe oder auch den glockigen Blüten der Fädigen Palmlilie. Hinzu kommen die feinen Unterschiede der vielen Weißtöne. Neben den hellen Weißtönen der Blüten zieren auch die Blätter in silbrig weißen oder weißgrauen Nuancen.

Zeitlos schöner Klassiker: der weiße Garten

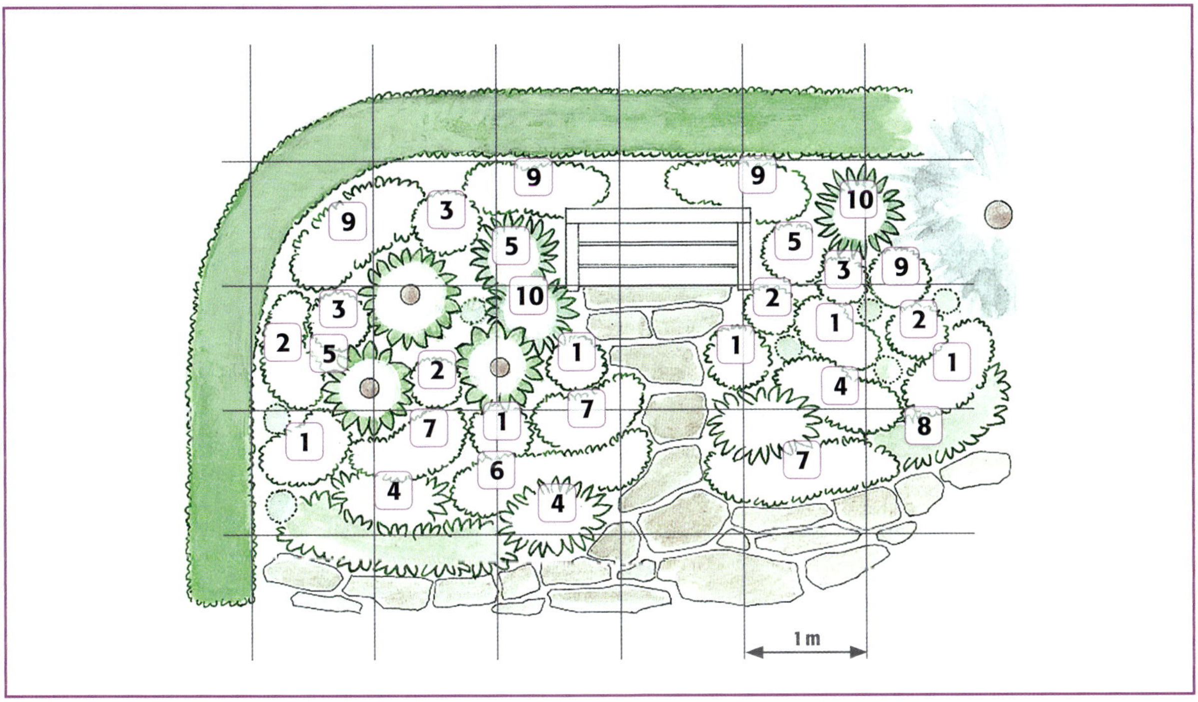

Was Sie brauchen

1 6 × **Tausendblättrige Garbe** *(Achillea millefolium)*, weiße Sorte

2 4 × **Spornblume** *(Centranthus ruber)* 'Albiflorus'

3 3 × **Riesenschleierkraut** *(Crambe cordifolia)*

4 9 × **Hohe Bart-Iris** *(Iris* Germanica-Gruppe*)*, weiße Sorte

5 3 × **Vexiernelke** *(Lychnis coronaria)* 'Alba'

6 1 × **Katzenminze** *(Nepeta racemosa)* 'Snowflake'

7 15 × **Hain-Salbei** *(Salvia nemorosa)* 'Adrian'

8 7 × **Wolliger Ziest** *(Stachys byzantina)* 'Silver Carpet'

9 4 × **Kandelaber-Ehrenpreis** *(Veronicastrum virginicum)* 'Alba'

10 2 × **Fädige Palmlilie** *(Yucca filamentosa)*

Außerdem 2 Strauchrosen und 1 Stammrose in Weiß

Was Sie auch nehmen können

Statt **9** **Gelenkblume** *(Physostegia virginiana)* 'Summer Snow'

Statt **10** **Stauden-Phlox** *(Phlox* Paniculata-Gruppe*)*, weiße Sorte, z. B. 'Pax', 'Schneeferner'

Besonders gut präsentiert sich ein weißes Gartenbeet vor einem dunklen Hintergrund aus dunkelgrünen Nadel- oder Laubgehölzen wie Eibe oder Buche.

Wie Sie pflanzen

Diese Pflanzung verlangt einen sonnigen Standort. Der Boden sollte mäßig trocken bis frisch, durchlässig und nährstoffreich sein. Wenn der Boden zu schwer ist, arbeiten Sie Sand unter. Insbesondere das **Riesenschleierkraut** und die **Hohe Bart-Iris** ertragen keine nassen Standorte, da sonst die Rhizome faulen.

Hohe Bart-Iris besitzen dicke, kriechende Rhizome, die flach und waagerecht gepflanzt werden müssen. Pflanzt man sie zu tief, dann kümmern sie und blühen nicht.

In den Vordergrund setzt man den **Wolligen Ziest.** Die Sorte 'Silver Carpet' ist eine blühfaule Auslese, die auf Blattschmuck selektiert wurde. Die filzig behaarten Blätter zieren fast das ganze Jahr über.

Auch der **Hain-Salbei** wirkt besser, wenn er gruppenweise im Vordergrund gepflanzt wird.

Die **Vexiernelke** ist als Füllpflanze geplant. Man verwendet sie dort, wo nach dem Pflanzen der anderen Stauden noch Lücken verbleiben. Vexiernelken sind kurzlebig, aber sie versamen sich reichlich und bleiben daher auch in den Folgejahren erhalten.

Die dekorative, etwas exotisch wirkende **Fädige Palmlilie** kommt mit ihrem blaugrünen Blattschopf und den hohen Blütenrispen aus glockigen Blüten am besten im Hintergrund der Pflanzung zur Geltung.

Wie Sie pflegen

Im Frühjahr lockert man den Boden und düngt mit 80 g/m² eines mineralischen Düngers. Wichtig ist bei einem weißen Garten das regelmäßige Ausschneiden von Verblühtem, denn die braunen, verwelkten Blüten beeinträchtigen die Wirkung des Weiß.

Bei der **Tausendblättrigen Garbe** und der **Spornblume** wird durch das laufende Ausschneiden auch eine Verlängerung des Blütenflors erzielt.

Kontrastvolle Blütenformen: Weißer Purpursonnenhut und Hohe Flammenblume.

Den **Hain-Salbei** schneidet man nach der Blüte bis auf die Basis zurück. Er treibt erneut aus und schmückt sich mit einer zweiten Blüte im September.

Da sich die kurzlebigen, meist zweijährigen **Vexiernelken** versamen, muss man beim Hacken auf die Sämlinge achten.

Die **Fädige Palmlilie** blüht erst einige Jahre nach der Pflanzung. Nach der Blüte und Fruchtbildung stirbt die Rosette ab, die Pflanze regeneriert sich jedoch aus Tochterrosetten. Nach dem Winter zupft man geschädigte Blätter vorsichtig aus.

Stattliche Horste bildet das **Riesenschleierkraut**. Mitunter wird es standschwach, sodass die Blütenstiele unauffällig gestäbt werden sollten. Nach der Blüte sollten die abgeblühten Blütenstiele ausgeschnitten werden, um den kraftzehrenden Fruchtansatz zu vermeiden.

Bei der **Hohen Bart-Iris** werden die abgeblühten Blütenstände ausgeschnitten. Die Blätter sind wintergrün und werden erst im Frühjahr zurückgeschnitten.

Tipp

Weiß blühende Tulpen, Narzissen und Hyazinthen verwirklichen schon im Frühjahr den Zauber eines weißen Gartens. Wenn Sie im Herbst zwischen die Stauden Blumenzwiebeln pflanzen, erwarten Sie bereits im Frühjahr die ersten Blüten.

Starke Kontraste in den Blütenformen beleben das weiße Gartenbeet.

Ländlich üppiger Balkonschmuck

Diese temperamentvolle Farbzusammenstellung wird einen ganzen Sommer für Furore sorgen. Schon von Weitem sichtbar sticht ein Blütenmeer aus Rot und Gelb ins Auge. Es scheint, als ob Blumengrüße um die ganze Welt und weiter bis zur Sonne verschickt werden sollen. Beeindruckend ist die scheinbar grenzenlose Wuchskraft und die überschwängliche Blütenfülle.

Pure Leuchtkraft

Die feuerroten Pelargonien und Petunien sind zweifellos die Klassiker in diesem Balkonkasten, aber nach wie vor von elektrisierender Schönheit. Besonders im ländlichen Raum schmücken die roten Blütenbänder ganze Fassaden und prägen viele Ortsbilder. Um die bereits bestechende Fernwirkung zu erhöhen, werden zwei neue Partner in diese Pflanzgesellschaft aufgenommen.

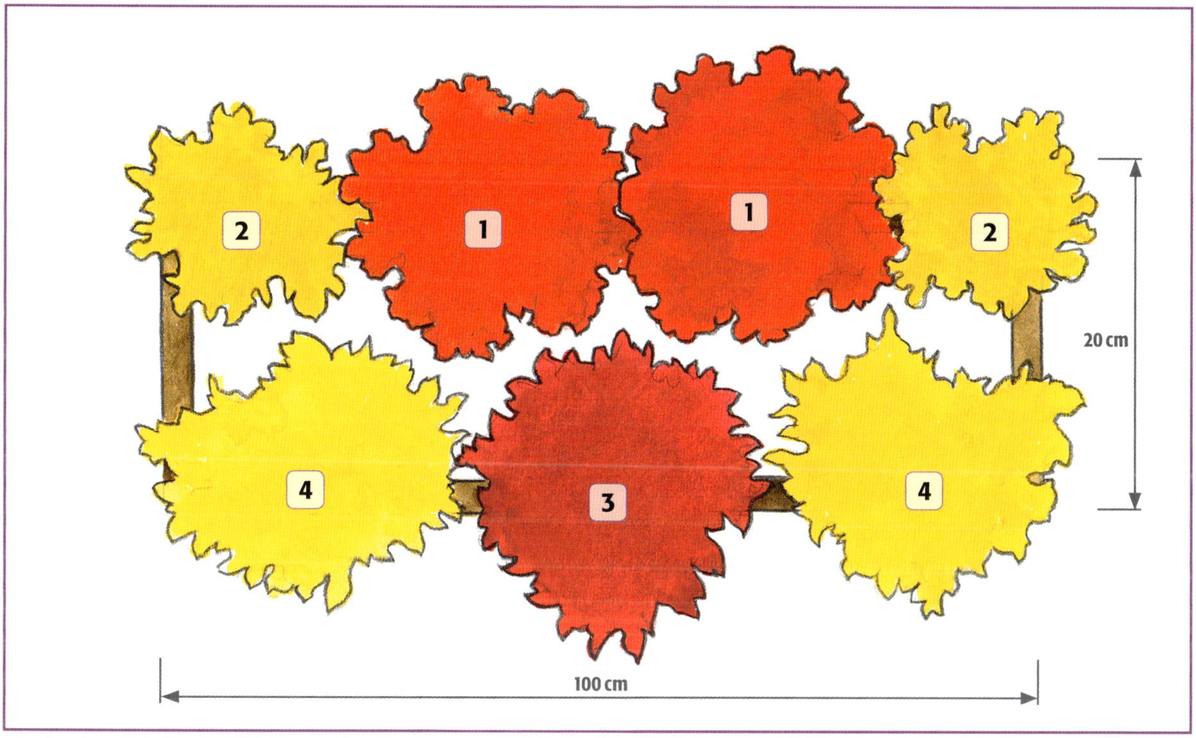

Was Sie brauchen

1 2 × **Geranie** *(Pelargonium zonale)*, 'Grand Prix', leuchtend rot

2 2 × **Pantoffelblume** *(Calceolaria integrifolia)* 'Brigrar's Elite', gelb

3 1 × **Petunie** *(Petunia*-Hybriden) Petunia Jamboree 'Scarlet', rot

4 2 × **Zweizahn** *(Bidens ferulifolia)* Solaire 'Compact', gelb

Was Sie auch nehmen können

Statt **2** 2 × **Strauchmargeriten** *(Argyranthemum frutescens)*, gelb

Statt **3** Für die vordere Pflanzreihe sind die **hängende Geranie** 'Leucht-Cascade' oder eine **blaue Petunie** ebenfalls sehr gut geeignet, wenn gleich sich das Erscheinungsbild des Blumenkastens durch sie grundsätzlich ändert.

Wer den gelben Zweizahn im Zaum halten will, muss auf kompakte Sorten und starke Konkurrenz achten.

Es sind dies die leuchtend gelben Pantoffelblumen und der übermütige Zweizahn, die sich wunderbar ergänzen.

Wie Sie pflanzen

Bei dieser Pflanzung sollte auf die richtige Sortenwahl geachtet werden. Bekanntlich neigt der **Zweizahn** gerne dazu, das »Kommando« im Blumenkasten zu übernehmen und alles in seinen gelben Bann zu ziehen. Im Balkonkasten werden deshalb generell kompakt wachsende Zweizahn-Sorten gepflanzt. Zusätzlich ist es ratsam, in dieser Konstellation auf besonders robuste und vornehmlich stark wachsende Nachbarpflanzen zu achten, die sich auch während des Sommers kräftig präsentieren. Ganz bewusst sind in unserem Pflanzvorschlag die **Pelargonien**-Sorte 'Grand Prix' und die neue **Petunie** Jamboree 'Scarlet' gewählt worden.

Durch die geschickte Anordnung der sieben Einzelpflanzen ist davon auszugehen, dass bereits der Einzelkasten eine gehörige Ausstrahlung besitzt. Mehrere solcher Balkonkästen nebeneinander sind in ihrer Fernwirkung kaum zu übertreffen.

Die Pflanzenanzahl ist in diesem Fall so gewählt, dass zu jedem Zeitpunkt ein außergewöhnlicher Blickfang geboten wird. In der hinteren Pflanzreihe werden zwei **Pantoffelblumen** und zwei stehende Pelargonien gesetzt. Schon bei der Pflanzung sollte darauf geachtet werden, dass alle Arten genügend Abstand zueinander aufweisen, damit sie sich kräftig entwickeln können. In der vorderen Reihe nutzen wir die sogenannten »Pflanzlücken« und den Kastenrand, um den Lebensraum für den Zweizahn und die starkwachsende Petunie optimal zu gestalten. Mit diesem kleinen Trick ist gewährleistet, dass alle verwendeten Pflanzen ihr ganzes Potenzial ausschöpfen können und ein imposantes Gesamtbild ergeben.

Wie Sie pflegen

Besonders die **Pelargonien** und der **Zweizahn** bevorzugen einen Standort in voller Sonne. An schattigen Plätzen lässt die Blühfreudigkeit schnell nach und die gewohnte Blütenpracht geht verloren.

Pelargonien gehören zu den Balkonblumen mit geringem Pflegeaufwand, eigentlich genau richtig für alle, die wenig Zeit aufbringen können. Darüber hinaus sind sie erfreulich trockenheitstolerant, legen aber trotzdem Wert auf ausreichend feuchtes und nährstoffreiches Substrat. Bei sehr »sparsamer« Versorgung lässt die Blütenfülle nach und die Blätter färben sich gelb-rötlich. Nach längeren Regenperioden kann Fäulnis an Blüten und Blätter auftreten, deshalb ist gelegentliches Ausputzen der Pflanzen dann doch angebracht, um die Schönheit und vor allem die Gesundheit der Pflanzen zu erhalten.

Die **Petunien** benötigen eine ausreichende Wasser- und Düngerversorgung. Vorzugsweise bietet man Petunien mit jedem Gießen eine geringe Menge Dünger. Auf diese Art und Weise bleiben die Pflanzen außerordentlich wüchsig. Petunien leiden häufig unter Eisenmangel, dieser äußert sich durch starke Blattaufhellungen. Eisenmangel lässt sich sehr gut mit dem Spurennährstoffdünger »OptiFer« beheben.

Der **Zweizahn** besitzt eine wunderbare selbst reinigende Fähigkeit. Ältere und abgeblühte Blüten werden einfach überwachsen und die Pflanze präsentiert sich so immer in Topform. Voraussetzung ist allerdings, dass die Pflanzen regelmäßig mit Wasser und Dünger versorgt werden. Ballentrockenheit führt zu Blattvergilbungen und zum Eintrocknen der Blüten.

Die **Pantoffelblumen** sind da schon anspruchsvoller. Sie reagieren auf vorübergehende Staunässe und hohen pH-Wert im Substrat mit chlorotischen Blattaufhellungen, was auf Eisenmangel hindeutet. Entsprechende Eisendünger können diese Symptome wieder beheben.

Tipp

Beim Kauf von Geranien bitte auf die richtige Sorte achten! Die Pflanzen sollten starkwüchsig und reichblühend sein. Manche neue Sorte kann diesen Anspruch nicht erfüllen. Für Premiumware und fachgerechte Beratung lohnt sich der Gang zum Gärtner.

Blühpausen nach dem Pflanzen von Pelargonien sind vermeidbar. Besonders wichtig ist, dass Pelargonien auch noch beim Pflanzen ausreichend mit Nährstoffen versorgt sind. Ein gewisser Nährstoffvorrat im Wurzelballen wäre sehr wünschenswert. Hungrige und überständige Pflanzen sind nicht sofort leistungsfähig und machen nach dem Einpflanzen erst mal Pause.

Ein Beet wie im Bauerngarten

Rosa ist eine sehr angenehme Farbe, die Ruhe ausstrahlt. Kombinationen von Rosa und Weiß sehen immer gut aus. Der Grund ist naheliegend: Rosa ist eine Pastellfarbe, eine Kombination aus Weiß und Rot. Weiße Blüten wirken außerdem wie Aufheller und machen den Gesamteindruck einer Pflanzung leuchtender. Ein kaltes Rosa harmoniert zudem gut mit blau und violett blühenden Partnern, die den Farbcharakter verstärken.

Bereits im Juni besticht diese Rabatte durch die Blüte der Pfingstrosen und der Wiesen-Iris. Viele der Pfingstrosen-Sorten duften außerdem auch sehr angenehm. Im Hochsommer wirkt die Pflanzung durch die duftenden Phloxe und die Garten-Rittersporne besonders prächtig. Zum Ausklang des Gartenjahres trumpfen schließlich die Astern noch mal auf, die Edel-Pfingstrosen begeistern mit ihrer orangeroten Herbstfärbung.

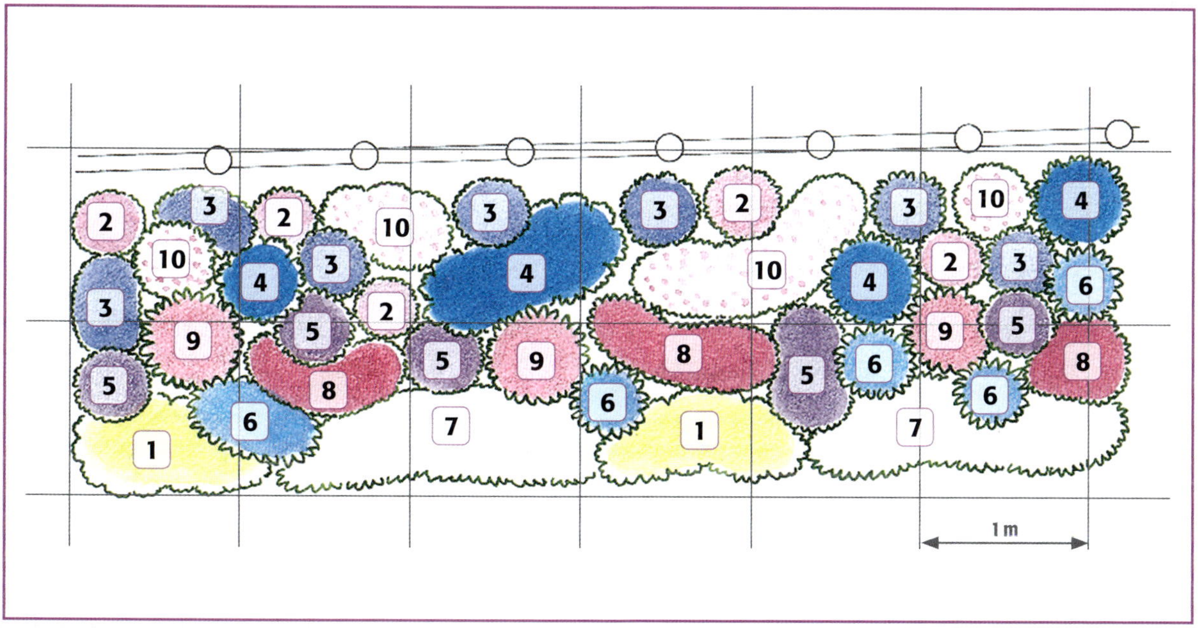

Was Sie brauchen

1 8 × **Schleier-Frauenmantel** *(Alchemilla mollis)*

2 5 × **Myrten-Aster** *(Aster ericoides)*

3 7 × **Glattblatt-Aster** *(Aster novi-belgii)*, blaue Sorte, z. B. 'Dauerblau', 'Schöne von Dietlikon'

4 4 × **Hoher Garten-Rittersporn** (*Delphinium* Flatum-Gruppe), blaue Sorte, z. B. 'Lanzenträger' 'Polarnacht'

5 5 × **Feinstrahlaster** *(Erigeron)* 'Dunkelste Aller'

6 5 × **Wiesen-Iris** *(Iris sibirica)* z. B. 'Dreaming Spire', 'Mountain Lake'

7 5 × **Sommer-Margerite** (*Leucanthemum* Superbum-Gruppe) 'Gruppenstolz'

8 3 × **Indianernessel** *(Monarda)*, z. B. 'Fishes', 'Prärienacht'

9 3 × **Edel-Pfingstrose** (*Paeonia* Lactiflora-Gruppe)

10 4 × **Stauden-Phlox** (*Phlox* Paniculata-Gruppe), z. B. 'Kirmesländler', 'Dorffreude', 'Fesselballon'

Was Sie auch nehmen können

Statt **2** **Kandelaber-Ehrenpreis** *(Veronicastrum virginicum)*, z. B. 'Diana', 'Alba'

Statt **5** **Kissen-Aster** (*Aster* Dumosus-Gruppe)

Statt **10** **Großblatt-Phlox** *(Phlox amplifolia)* 'Weiße Wolke'

Beim Stauden-Phlox können Sie aus zahlreichen unterschiedlichen Sorten wählen.

Bereichern können Sie diese Pflanzung mit rosafarbenen und weißen Strauch- oder Kletterrosen. Im vorderen Beetbereich sind Beet- oder Edelrosen empfehlenswert, die in einer großen Sortenfülle angeboten werden. Schließlich findet man in keiner anderen Pflanzengruppe so viele Rosatöne wie bei den Rosen.

Wie Sie pflanzen

Dieses prachtvolle Staudenbeet braucht einen sonnigen Standort im Garten. Der Boden sollte ausreichend feucht, tiefgründig und nährstoffreich sein. Gute Voraussetzungen bietet ein humoser, lehmiger Boden, der gut durchlässig ist. Zur Bodenverbesserung kann der Boden mit Kompost angereichert werden.

Die Gesamtwirkung dieser Rabatte wird gesteigert, wenn sie sich an einen Gartenzaun, eine Hecke oder eine Mauer anlehnen kann. Die verschiedenen Stauden werden so angeordnet, dass jede einzelne Pflanze möglichst optimal zur Geltung kommt.

Besonders wirkungsvoll ist es, wenn die Stauden nach ihrer Wuchshöhe gestaffelt werden. Die höchsten Pflanzen stehen am besten im Hintergrund, wo sie eine attraktive Kulisse für die niedrigeren Arten im Vordergrund bilden. **Astern**, **Hoher Garten-Rittersporn** und **Stauden-Phlox** pflanzen Sie in den Hintergrund. Im mittleren Bereich platzieren Sie **Wiesen-Iris**, **Indianernessel**, **Edel-Pfingstrose** und **Feinstrahlaster**. Den Beetabschluss nach vorne bilden **Schleier-Frauen-**

mantel und eine niedrige kompaktwüchsige Sorte der **Sommer-Margerite**. Bewährt hat sich die Sorte 'Gruppenstolz'. Beide werden in kleineren Gruppen gepflanzt.

Gute Pflanzbedingungen bieten das Frühjahr und der zeitige Herbst. Eine Ausnahme bilden **Pfingstrosen**, die am besten im Frühherbst gepflanzt werden. Pfingstrosen dürfen nur flach gesetzt und ca. 3 cm stark mit Erde überdeckt werden. Nur dann erzielen Sie einen guten Austrieb und Blütenansatz. Zu tief gepflanzte Pfingstrosen kümmern und sind blühfaul.

Wie Sie pflegen

Das Gartenjahr beginnt mit einer Düngergabe von etwa 80 g/m² Volldünger. Den **Schleier-Frauenmantel** schneidet man nach der Blüte bis auf den Boden zurück. Die Blätter treiben danach erneut aus und sind bis zum Winter ansehnlich. Durch den Rückschnitt bleiben die Horste zudem kompakt und standfest.

Die verblühten Blüten der **Edel-Pfingstrosen** werden ausgeschnitten, um die kraftzehrende Samenbildung zu vermeiden.

Auch die Blütenstände des **Stauden-Phlox** sollte man ausschneiden, da sich diese sonst aussamen können. Oft sind die Sämlinge wüchsiger, sodass sie die Sorten verdrängen können.

Hoher Garten-Rittersporn und **Feinstrahlaster** blühen erneut, wenn man sie bis auf den Boden zurückschneidet. Beide Stauden treiben anschließend aus und bilden eine zweite Blüte im September. Wenn man nach dem Rückschnitt düngt und wässert, wird die Blütenbildung unterstützt.

Je nach Bedarf – abhängig von Sorte, Standort und Witterung – müssen **Astern**, **Stauden-Phlox** und **Hohe Garten-Rittersporne** gestäbt werden, um sie vor dem Auseinanderfallen zu bewahren.

Astern, Hohe Flammenblume und **Indianernessel** werden in trockenen Sommern häufig von Echtem Mehltau befallen. Daher sollte man sie in Trockenzeiten als vorbeugende Maßnahme gründlich wässern.

Vorbeugend sollten Sie auch rund um den jungen **Rittersporn**-Neutrieb etwas Schneckenkorn streuen.

Die Blütenstände der **Wiesen-Iris** schneidet man nach der Blütezeit aus. In Trockenperioden sollten die Pflanzen durchdringend gewässert werden.

Der Blütenflor der **Sommer-Margerite** kann verlängert werden, wenn man die verwelkten Blüten regelmäßig ausschneidet. Alternativ bietet sich ein Totalrückschnitt nach der ersten Blüte an, um einen Zweitflor zu erzielen. Bei dieser Methode entstehen kurzfristig Löcher in der Pflanzung, die sich durch gezieltes Düngen und Wässern nach dem Rückschnitt schnell regenerieren.

Tipp

Pfingstrosen gehören zu den ältesten Kulturpflanzen und langlebigsten Stauden. Es gibt eine Vielzahl von Sorten in Weiß, Rosa oder Karminrot. Die Blütenform variiert von ungefüllt bis stark gefüllt. Letztere duften und eignen sich besonders gut zum Schnitt.

Praxis – Pflanzen und Pflegen

Die wichtigsten Arbeiten
in Vorbereitung und Pflege
für traumhafte Balkonkästen
und beeindruckende Beete.

Know-how für traumhaften Balkonschmuck

Gestaltungsregeln

Werden mehrere Kästen für den Balkon bepflanzt, muss auf ein harmonisches Gesamtbild geachtet werden. Dabei kann der Einzelkasten symmetrisch oder asymmetrisch gestaltet sein. Die Reihenfolge der Balkonkästen wird vorher festgelegt und verfolgt konsequent einen bestimmten Pflanzrhythmus.

Die Beachtung des Wuchscharakters ermöglicht die Gestaltung der Kästen in verschiedenen Höhen und Tiefen. Üblicherweise werden hohe, aufrecht wachsende Arten in der hinteren Pflanzreihe platziert. In den Pflanzlücken davor sind die niedrig wachsenden Pflanzen vorgesehen und am Kastenrand die Hängepflanzen.

Das Grundgerüst im Pflanzgefäß bilden die **Leitpflanzen.** In der Regel sind dies dominante Arten, die optische Akzente setzen oder die gewünschte Farbe vorgeben. Die **Beipflanzen** sind es, die mit farblichen Reizpunkten für Harmonie sorgen und eine abwechslungsreiche Höhenstaffelung im Kasten ermöglichen. Grundsätzlich können **Hängepflanzen** sowohl die Aufgaben einer Leit- als auch einer Beipflanze erfüllen. Aber völlig unabhängig davon ermöglichen sie die kaskadenförmige Kastengestaltung und sorgen für einen herrlichen Blickfang.

Ein kleiner Tipp: Alle **bodendeckenden Beetpflanzen** am Kastenrand gepflanzt, wirken wie Hängepflanzen. Damit wird die Auswahl der Pflanzen mit hängendem Wuchscharakter deutlich vergrößert.

Farben und Kombinationen

Bei der Gestaltung der Balkonkästen spielen Farben eine herausragende Rolle. Natürlich entscheidet letztlich der persönliche Geschmack, wobei der **Farbkreis** trotzdem wertvolle Hilfestellungen bieten kann.

Die sechs wichtigen Farbgruppen sind Gelb, Rot und Blau sowie die **Mischfarben** Orange, Violett und Grün. Die Kombinationen von eng verwandten Farbtönen (Farbverlauf), wie zum Beispiel Goldgelb und Orange oder Blau, Blauviolett und Rot, sind eine Wohltat für die Augen. Diese **Ton-in-Ton-Kompositionen** sind durch farbliche Harmonie und Ausgewogenheit gekennzeichnet.

Im Gegensatz dazu erzeugen die **»Komplementärfarben«** starke Kontraste. Diese Farben stehen sich im Farbkreis genau gegenüber. Die klassischen Beispiele dafür sind Grün und Rot, Orange und Blau oder Gelb und Violett. All diese spannungsreichen Farbzusammenstellungen sind in ihrer Leuchtkraft kaum zu überbieten. Wer darüber hinaus auf Fernwirkung großen Wert legt, wird helle und leuchtende Farben wie Gelb, Orange und Rot mit berücksichtigen. Ebenfalls sehr kontrastreich gestaltet sich die Wirkung der warmen und kalten Farben zueinander. Innerhalb dieser Gruppen ergeben sich wiederum sehr harmonische Farbbilder. Mit dem farblichen »Dreiklang« lassen sich die unterschiedlichsten Wirkungen zaubern. Von zart, lieblich pastellfarben bis knallig bunt, fast jeder Wunsch kann erfüllt werden.

Der Balkoncheck

Bevor Sie mit der Bepflanzung beginnen, prüfen Sie die Lage Ihres Balkons. Die Auswahl der möglichen Pflanzen wird stark durch die Himmelsrichtung und die örtlichen Gegebenheiten bestimmt. Eine große Zahl der Balkonblumen bevorzugt helle und sonnige Standorte. Die **Süd-, Südwest- oder Südostlage** ist dafür

Balkonblumen bieten alle Farben, die den Farbkreis füllen. Hier kann man aus dem Vollen schöpfen – das macht richtig Spaß.

bestens geeignet. **Ost- und Westlagen** bieten zumindest zeitweise Halbschatten. Dennoch scheint der Ostbalkon mit seiner warmen Morgensonne und dem kühlen Schatten am Nachmittag oft besser geeignet zu sein als vergleichsweise der Westbalkon. Aber besonders aus westlichen Richtungen muss mit starken Regenfällen und Wind gerechnet werden. Auf dem **Nordbalkon** oder an stark beschatteten Standorten gedeihen nur die Schatten liebenden Pflanzen.

Pflanzgefäße

Große Pflanzgefäße bieten mehr Platz für das Wurzelwerk. Je größer das Substratvolumen, desto ausgeglichener ist der Wasserhaushalt und die Nährstoffaufnahme im Wurzelraum. Damit ersparen Sie den Pflanzen viele kleine Stresssituationen. Letztendlich danken es die Pflanzen mit üppigem Wachstum und herrlicher Blütenpracht.

Sehr empfehlenswert sind **große Balkonkästen** mit einer Breite und Tiefe von jeweils 20 Zentimeter. Unabhängig davon, achten Sie immer auf sicheren **Wasserabzug.** Erfahrungsgemäß »ertrinken« die meisten Pflanzen im Pflanzgefäß und erholen sich dann nur mühsam. Um dies zu vermeiden, empfiehlt es sich, die Wasserabzugsöffnungen auch während der Saison regelmäßig zu prüfen.

Wer ganz sichergehen will, kann im unteren Bereich der Pflanzkästen eine **Dränageschicht,** zum Beispiel mit Blähton einfüllen und so eine künstliche »Sicherheitszone« schaffen. Eine Vliesabdeckung zwischen Dränageschicht und Pflanzerde bitte nicht vergessen.

Pflanzsubstrate

Fertige Pflanzerden werden im Fachhandel zur Genüge angeboten. Die meisten Produkte sind für den Balkonkasten sehr gut geeignet. Unter dem Begriff **»Einheitserden«** erhalten Sie hochwertige Qualitätserde. Üblicherweise ist die Nährstoffversorgung für die ersten Wochen sichergestellt, sodass nicht sofort nachgedüngt werden muss.

Richtiges Pflanzen

Die Balkonpflanzen werden in der Regel im Plastiktopf erworben. Achten Sie beim Austopfen darauf, dass die Wurzeln auch wirklich gesund sind. Dies ist leicht an den weißen Wurzelspitzen zu erkennen. Bevor gepflanzt wird, empfiehlt es sich, ausgetrocknete Wurzelballen für einen Moment in ein Wasserbad zu tauchen, damit dieser sich vollsaugen kann. Achten Sie beim Einpflanzen auf eine einheitliche Pflanzhöhe. Am besten den Wurzelballen etwa zwei Zentimeter mit Subst-

Einpflanzen Schritt für Schritt: Zunächst den Kasten mit Substrat füllen.

Schon beim Austopfen auf gesunde, weiße Wurzeln achten.

rat bedecken und kräftig andrücken. Pflanzen Sie nicht zu hoch, ansonsten werden Ihre Pflanzen immer Durst leiden. Zu tiefes Pflanzen kann dagegen Fäulnis am Wurzelhals verursachen.
Ein **Gießrand** von zwei Zentimeter verhindert unliebsame »Überschwemmungen«.

Düngung

Bei einer Frühjahrs- oder Herbstbepflanzung ist die zusätzliche Nachdüngung meist nicht notwendig. Die **Grunddüngung** der Pflanzsubstrate ist absolut ausreichend, um in dieser Jahreszeit die Pflanzen bestens zu versorgen. Ganz anders liegt der Fall bei der Sommerbepflanzung. Hier entscheidet vor allem die Wasserversorgung und die **Nachdüngung** über die Schönheit, die Üppigkeit und das Durchblühen der Balkonblumen. Bei Verwendung von Einheitserden beginnt die Nachdüngung etwa drei Wochen nach der Pflanzung.

Die Pflanzen anordnen und gut andrücken, zum Schluss gut angießen.

Als grobe Richtlinie kann gelten: zehn Gramm Dünger (Nährstoffverhältnis 15:11:15) in einer Fünf-Liter-Gießkanne aufgelöst, reichen für einen Blumenkasten von einem Meter Länge. Insgesamt sind während der 15-wöchigen Sommerperiode circa 50 bis 75 Gramm Dünger pro laufendem Meter Balkonkasten zu verabreichen. Bei ungenügender Nachdüngung werden die Pflanzen nie ihre volle Blütenpracht erreichen und sich womöglich im Herbst schon frühzeitig verabschieden. Außerdem können Eisenmangelsymptome auftreten, die allerdings mit dem Eisendünger »Optifer« sehr erfolgreich behoben werden können.

Wer für die regelmäßige Düngung keine Zeit aufwenden kann, mischt der Pflanzerde einen Langzeitdünger bei. Als Anhaltswert gelten hier fünf Gramm **Langzeitdünger** pro Liter Substrat, um den Nährstoffbedarf für mindestens drei Monate sicherzustellen. Die langsame Freisetzung der Nährstoffe erfolgt temperatur- und feuchtigkeitsabhängig. Ähnlich wie bei einer Nachdüngung mit Düngestäbchen oder Dünge-Tabletten.

Wasserversorgung

Der Unterschied zwischen einer prachtvollen und einer wenig attraktiven Bepflanzung liegt oft am Pflege- und Versorgungszustand. An heißen Sommertagen können bis zu zehn Liter Wasser pro laufendem Meter Balkonkasten benötigt werden. Mit einmaligem Gießen kann diese Wassermenge unmöglich verabreicht werden. In solchen Fällen kann eine Gießhilfe oder eine automatische Bewässerungsanlage viel Arbeit ersparen.

Dem **Balkonkasten mit Wasservorrat** sieht man es zunächst von außen nicht an, dass hier mit doppeltem Boden gearbeitet wird. Über selbstansaugende Dochte oder Steinwollkeile wird das Wasser von unten nach oben in den Wurzelraum transportiert. Je nach Pflanzgefäß stehen im Wasserspeicher bis zu zehn Liter Wasser zur Verfügung. Diese Menge reicht üblicherweise

Die Gießmenge und der -zeitpunkt sind ausschlaggebend für die Blütenpracht.

aus, um ein verlängertes Wochenende oder die ganz heißen Tage des Jahres zu überstehen. Eine besonders intelligente Lösung bietet dabei der **»Gärtnerkasten«.** Gemeinsam mit einem sogenannten **»Starterkasten«** können ganze Balkonfassaden automatisiert werden. Voraussetzung ist allerdings, dass alle Balkonkästen auf einer Ebene stehen und über Schlauchverbindungen verbunden sind.

Automatische Systeme

Die **selbstregulierenden Tropfersysteme** reagieren ganz individuell auf den Feuchtegehalt der Pflanzerde. Die Wasserabgabe erfolgt drucklos und tröpfchenweise. Die Einzeltropfer können sehr bequem über Dosierregler an alle Gegebenheiten angepasst werden. Diese Systeme sind immer dann besonders vorteilhaft, wenn Pflanzgefäße mit unterschiedlichem Wasserbedarf versorgt werden, weil zum Beispiel die einen in der prallen Sonne, andere noch im Schatten stehen.

Ein Balkonkasten mit Wasservorrat kann ein Wochenende überbrücken.

Tropf-Blumat-Kerzen reagieren automatisch auf die Substratfeuchte.

Tropfsysteme mit Magnetventil bieten eine vollautomatische Steuerung. Die Regulierung erfolgt über Substratfeuchtefühler (Tensiometer). Die Wassermenge wird über die Gießdauer und die Anzahl der Tropfer im Blumenkasten geregelt.

Wer über keinen direkten Stromanschluss verfügt, kann auf einen einfachen Bewässerungscomputer mit Batterieversorgung zurückgreifen. Das Gerät wird direkt am Wasserhahn aufgeschraubt und kann mit Feuchtefühler oder als Zeitschaltuhr betrieben werden. Pro Tag sind mehrere Bewässerungsvorgänge möglich, und wer gerne möchte, kann zwischenzeitlich die Blumen- und Gemüsebeete, das Gewächshaus oder auch nur den Rasen wässern. Die Bedienung ist denkbar einfach und erfordert kein besonderes technisches Geschick. Einzig die Überprüfung oder ein Tausch der Batterie zum Saisonstart kann notwendig sein.

Blühpausen kurz halten

Viele Balkonblumen bilden nach der Blüte Samen und Früchte, was eine unerwünschte Blühpause oder -verzögerung einleiten kann. Regelmäßiges **Entfernen der abgeblühten Blüten** verhindert den Samenansatz, regt neues Wachstum an und fördert die Bildung neuer Blüten. Auf diese Art und Weise erfolgt eine ständige Erneuerung und die Pflanzen bleiben gut in Form.

Manchmal hilft allerdings nur Geduld. Die sogenannten vernalisationsbedürftigen Pflanzen benötigen kühle Temperaturen, um neue Blüten hervorzubringen. Obwohl nur wenige kalte Nächte oder Tage dafür ausreichen, kann dies im Sommer durchaus zu Blühverzögerungen führen. Vielleicht mag es ein Trost sein, wenn die Blühpause besonders lange ausfällt, dass zumindest der Sommer schön warm und sonnig gewesen ist.

Keine Last, sondern Vergnügen: Verblühtes ausschneiden oder ausbrechen. Nicht nur wegen der optischen Schönheit, sondern auch um Blühpausen kurz zu halten.

Blumenbeete anlegen und pflegen

Stauden sind mehrjährige, ausdauernde Pflanzen, die über Jahre hinweg am selben Standort verbleiben können. Daher sollte man der Pflanzenqualität und der Bodenvorbereitung besondere Beachtung schenken.

Einkauf

Beim Staudenkauf sollte man unbedingt auf Qualität achten. Stauden werden heute fast ausschließlich in Töpfen angeboten, lediglich Taglilien, Bart-Iris und Pfingstrosen werden von Spezialbetrieben noch als wurzelnackte Ware gehandelt.

Gute Staudenqualität zeichnet sich durch folgende **Qualitätskriterien** aus:

- Der Topf muss gut durchwurzelt sein.
- Die Stauden müssen gesund und unkrautfrei sein.
- Jede Staude muss mit einem Etikett versehen sein.

Stauden werden fast ausschließlich in Töpfen angeboten, sodass sie fast ganzjährig gepflanzt werden können. Bei Neuanlagen sollte man Frühjahr oder Herbst bevorzugen.

Eine große Auswahl an Stauden bieten Staudengärtnereien.

Pflanzzeit

Die optimalen Pflanzzeiten für Stauden sind das **Frühjahr** und der **zeitige Herbst**. In diesem Zeitraum bieten Luftfeuchtigkeit, Bodenfeuchtigkeit und Temperatur die besten Voraussetzungen für eine erfolgreiche Pflanzung. Ausnahmen bilden Hohe Bart-Iris und Pfingstrosen, wenn sie wurzelnackt gepflanzt werden. Die beste Pflanzzeit für **Hohe Bart-Iris** ist nach der Blüte im Juli-August. Zu diesem Zeitpunkt bilden die Rhizome neue Wurzeln, sodass sie gut anwurzeln können. **Pfingstrosen** wachsen am besten an, wenn sie Anfang September gepflanzt werden, da dann das neue Wurzelwachstum einsetzt. Gräser sollte man grundsätzlich nur im Frühjahr pflanzen.

Bodenvorbereitung

Bevor man mit dem Pflanzen beginnt, muss der Boden gründlich vorbereitet werden. Wichtig ist, dass der Boden unkrautfrei ist. Wenn Wurzelunkräuter wie Giersch oder Ackerwinde vorhanden sind, müssen diese vorrangig bekämpft werden. Erst wenn der Boden völlig unkrautfrei ist, sollte mit der Bodenvorbereitung begonnen werden, da sonst die Wurzelunkräuter zusätzlich vermehrt werden.

Ein optimal vorbereiteter Boden bietet die besten Wachstumsvoraussetzungen für eine langlebige und pflegeleichte Pflanzung. Der **ideale Staudenboden** ist ein sandiger humoser Lehmboden. Bei zu leichten, sandigen Böden kann man durch die Zugabe von Kompost die Wasserhaltefähigkeit erhöhen. Schwere, lehmige bis tonhaltige Böden können dagegen durch das Untermischen von Sand, Kies und Kompost in ihrer Struktur verbessert werden.

Der Boden sollte im Winter grobschollig umgegraben werden, sodass die Frostgare ihre Wirkung entfalten kann. Im Frühjahr wird mit dem Krail gelockert, und bei Bedarf werden entsprechende Bodenverbesserungsstoffe eingearbeitet.

Anschließend wird die Fläche mit einem Rechen planiert.

Als **Grunddüngung** sollten vor dem Pflanzen 80 g/m² eines organischen Düngers (Hornspäne, Rizinusschrot) ausgebracht und leicht eingearbeitet werden. Gleichzeitig wird das Bodenleben begünstigt.

Vor dem Pflanzen wird der Boden mit einem Rechen gleichmäßig planiert.

Gut durchwurzelte Stauden halten ihren Ballen auch nach dem Austopfen.

Nach dem Ausstellen können die Pflanzabstände nochmals überprüft werden.

Kleinere Topfballen können mit Hilfe einer Pflanzschaufel gepflanzt werden.

In den ersten Wochen nach der Pflanzung muss vorsichtig gewässert werden.

Pflanzung

Vor dem Pflanzen müssen die Stauden gründlich gewässert werden, indem man sie in eine Wanne eintaucht. Wenn keine Luftblasen mehr aufsteigen, sind sie ausreichend feucht. Die Stauden werden ausgetopft, und man entfernt die oberste Substratschicht, die oft verkrustet und vermoost ist. Stark verwurzelte oder verfilzte Ballen werden vor dem Pflanzen aufgeraut.

Gepflanzt wird mit einer Pflanzschaufel. Man hebt zunächst ein ausreichend großes Loch aus, in das der Staudenballen gut hineinpasst. Das Pflanzloch wird mit der lockeren Erde aufgefüllt. Dann wird die Pflanze gut angedrückt, damit sie Bodenkontakt bekommt. Die Stauden sollten so tief gepflanzt werden, wie sie auch im Topf gestanden haben.

In den ersten Wochen nach der Pflanzung ist auf ausreichende Bodenfeuchtigkeit zu achten. Bei Bedarf muss gewässert werden.

Bodenpflege und Düngung

Alle verwendeten Stauden brauchen einen offenen, lockeren Boden. Besonders wichtig ist das Hacken im Frühjahr, um die Verdichtungen des Winters zu lockern. Den Sommer über verbindet man das Lockern mit dem Jäten der aufkommenden Unkräuter.

Zu Beginn des Gartenjahres werden die noch vorhandenen Stauden und Gräser zurückgeschnitten. Anschließend wird der Boden gelockert und gedüngt. Als Faustzahl ist eine Düngermenge von 80 g/m² **Volldünger** für Prachtstaudenbeete empfehlenswert.

Volldünger enthalten alle erforderlichen Pflanzennährstoffe. Man unterscheidet mineralische und organische Dünger, außerdem eine Kombination aus beiden. **Mineralische Dünger** sind wasserlöslich und somit schnell wirksam. **Organische Dünger** müssen zuerst im Boden aufgeschlossen werden, deshalb sind die Nährstoffe erst nach einigen Wochen pflanzenverfügbar. Organisch-mineralische Dünger vereinen die schnelle und nachhaltige Wirkungsweise.

Aufbinden und Stäben

Hochwüchsige Stauden leiden zum Teil unter Standschwäche, insbesondere dann, wenn Regen und Wind ihnen zusetzen. Deshalb ist es ratsam, besonders gefährdete Stauden vorbeugend zu stützen, bevor sie auseinanderfallen. Als Staudenstützen kann man Eisen- oder Bambusstäbe verwenden, die mit Schnüren verbunden werden, oder auch spezielle käufliche Staudenstützen (z.B. »link stakes«) einsetzen. Die natürliche Wuchsform der jeweiligen Stauden sollte jedoch auch bei der Verwendung der Stützen beibehalten werden.

Pflanzenstützen sind einfach in der Handhabung und fallen kaum auf.

Blütenschnitt

Bei einigen Stauden können zusätzliche spezielle Blütenschnittmaßnahmen die Blütezeit verlängern. Diese Maßnahmen sind bei den einzelnen Gestaltungsvorschlägen beschrieben.

Ausschneiden

Bei einer Vielzahl von Stauden kann man die Blütezeit verlängern, indem man die verwelkten Blüten regelmäßig ausschneidet. Anstelle der kraftzehrenden Samenbildung werden so ständig neue Blütenknospen entwickelt.

Remontierschnitt

Einige Stauden blühen ein zweites Mal, wenn man sie nach der Blüte kurz über dem Boden abschneidet. Die Pflanze treibt erneut aus und bildet Triebe, die im Spätsommer Blütenknospen ansetzen. Wenn man den zurückgeschnittenen Pflanzen etwas zusätzliche Pflege wie Wässern und Düngen gönnt, fördert man die Blütenbildung. Frauenmantel wie auch viele Storchschnabel-Arten und -Sorten sollten nach der Blüte bis auf den Boden zurückgenommen werden. Auch wenn sie nur noch vereinzelt Blüten ausbilden, lohnt sich diese Maßnahme, da die Horste kompakt bleiben und durch ihren frischen Blattschmuck zieren.

Rittersporne remontieren, wenn sie nach der Blüte bis zur Basis zurückgeschnitten werden.

Viele Stauden können problemlos durch Abstechen von Teilstücken verjüngt werden.

Nachblüteschnitt

Verschiedene Stauden versamen sich sehr stark, wenn man die verwelkten Blüten nicht ausschneidet. Da Sämlinge in der Regel sehr vital und wüchsig sind, können sie die gepflanzten Sorten auf Dauer verdrängen. Zudem weichen sie häufig durch blassere und verwaschene Blütenfarben ab.

Rückschnitt

Da der oberirdische Teil der Stauden im Winter abstirbt, werden alle Stauden im Herbst oder Frühjahr bis auf den Boden zurückgeschnitten. Stauden mit schönem Fruchtschmuck wie die Fetthenne zieren auch im Winter. Gräser sollte man grundsätzlich erst im Frühjahr zurückschneiden, da das eingetrocknete Laub einen guten Schutz vor Kälte und Winternässe bildet.

Verjüngen

Wenn Stauden nach längerer Standzeit aus der Mitte heraus verkahlen, die Vitalität nachlässt und auch der Blütenreichtum fehlt, sollte man die Horste verjüngen. Hierzu werden mit dem Spaten kleinere Teilstücke abgestochen, die dann an einem vorbereiteten Standort eingepflanzt werden. Am neuen Standort werden Vitalität und Blütenreichtum nicht lange auf sich warten lassen.

Staudenpflanzungen mit Gräsern bieten auch über den Winter sich ständig wandelnde Gartenbilder und Stimmungen.

Pflanzenporträts

Die schönsten Balkonblumen
und Stauden.

Die schönsten Balkonblumen

Unser Pflanzensortiment für den Balkon beginnt mit A wie *Anagallis* und endet mit Z wie *Zinnia*. Dazwischen liegt eine Vielzahl von bestens bewährten Arten, die allesamt dazu beitragen, dass wir für verschiedene Geschmacksrichtungen und Situationen die jeweils passende Pflanze auswählen können. Balkonblumen sind allerdings nicht nur Sommerblumen, sondern es zählen auch Arten für die Frühlings- und die Herbstbepflanzung dazu. In diesem Buch haben wir uns allerdings auf die klassischen Sommerblumen beschränkt.

In der modernen Balkongestaltung finden sich zunehmend grüne und buntlaubige Gräser oder imposante Strukturpflanzen wieder, ebenso wie einjährige Kletterer oder attraktive Bodendecker. Selbst mehrjährige Stauden oder auch Gemüse finden inzwischen ihren Platz im Balkonkasten oder auf der Terrasse.

Das Sortiment ändert sich von Jahr zu Jahr. Die Neugierde der Züchter und Balkongärtner ist ungebrochen, ständig sind sie auf der Suche nach neuen Farben und positiven Eigenschaften, um noch bessere Qualitäten für die Praxis zu entdecken. Dabei stehen nicht immer neue Arten im Mittelpunkt, sondern auch deren Sorten mit ihren spezifischen Eigenschaften. Nicht jede Neuentwicklung hat eine Erfolgsstory, aber viele Neuheiten haben sich erstaunlich schnell etabliert. Die Entwicklung wird weitergehen, man darf gespannt sein.

Gauchheil

Anagallis monelli

Im Sommer entwickeln sich schnell königsblaue Blütenkissen zu einem magischen Blickfang. Die Vermehrung erfolgt über Saatgut und Stecklinge. Leider erscheinen die Blüten nicht immer termingerecht zur Pflanzsaison.

Angelonie

Angelonia gardneri

Blüten wie Engelsgesichter geben der Pflanze den Namen. Es gibt sie in den Farben weiß, rosa und blau. Ein sonniges, warmes Plätzchen bei gleichmäßigen Wasser- und Düngergaben sorgt für eine optimale Blühleistung.

Strauchmargerite

Argyranthemum frutescens

Die Gartenlieblinge blühen weiß, gelb und rosa in voller Sonne. Am schönsten gedeiht die Pflanze, wenn viel gedüngt und reichlich gegossen wird. Das Ausschneiden der verblühten Blüten fördert die Nachblüte.

Begonie, Knollenbegonie

***Begonia*-Hybriden**

Die Sortenvielfalt lässt kaum Wünsche offen. Knollenbegonien bevorzugen einen warmen Standort im lichten Schatten. Die kräftigen Farben und unterschiedlichen Wuchsformen begeistern immer wieder aufs Neue.

Zweizahn

Bidens ferulifolia

Die Wildformen aus Amerika sind dort ungeliebte Unkräuter. Bei uns sind sie gern gesehene Balkonpflanzen, die im Sommer kräftige goldgelbe Blütenmeere bilden, die bis zum Herbst ihre Schönheit behalten.

Blaues Gänseblümchen

Brachyscome iberidifolia

Die zarten blauen Blüten erscheinen von Mai bis Oktober. Die Pflanzen bevorzugen einen sonnigen oder halbschattigen Standort. Sie sollten gleichmäßig mit Wasser versorgt werden und nicht austrocknen.

Petunie kleinblumig

***Calibrachoa*-Hybriden**

Diese kleinblumigen »Zauberglöckchen« sind streng genommen keine Petunien, ihre Ansprüche sind jedoch sehr ähnlich. Regenschutz ist ratsam, ebenso wie eine ausreichende Nährstoffversorgung, v. a. mit Eisen.

Pantoffelblume

***Calceolaria*-Hybriden**

Die gelben Blüten werden gerne von Bienen und Hummeln angeflogen. Bei aufmerksamer Pflege blühen die Pflanzen bis in den Herbst. Empfindlich reagieren sie auf hohe pH-Werte im Substrat und auf Staunässe.

China-Nelke

Dianthus chinensis

Die zierliche Pflanze mit dem grazilen Laub wird auch Kaisernelke genannt. Das Farbspektrum der Blütenblätter reicht von weiß über rosa bis dunkelrot. Diese unermüdlichen Dauerblüher stammen aus China und Korea.

Zauberschnee

Euphorbia hypericifolia

Wer diese grazile Pflanze kennengelernt hat, will sie nicht mehr missen. Der Zauberschnee ist anspruchslos und kommt sowohl im Schatten als auch in voller Sonne bei gelegentlicher Trockenheit gut zurecht.

Fuchsie

***Fuchsia*-Hybriden**

Die zahlreichen Fuchsien-Sorten gedeihen auch in regenreichen, kühlen Sommern. Sie bevorzugen lichten Schatten, hohe Luftfeuchte und einen nicht zu heißen Standort.

Präriekerze

Gaura lindheimeri

Die Prachtkerze bevorzugt einen sonnigen bis halbschattigen Standort. Die grazilen Blüten gibt es in den Farben weiß, rosa oder weiß-rosa. Eine Überwinterung gelingt nicht immer, Trockenheit und Staunässe vermeiden.

Mittagsblume

***Gazania*-Hybriden**

Diese Korbblütler öffnen ihre Blüten mit den ersten Sonnenstrahlen, bleiben aber geschlossen bei Dunkelheit oder Regen. Die vielen Sorten bieten ein komplettes Farbsortiment. Gazanien sind Sonnenanbeter.

Gundermann

Glechoma hederacea

Diese heimische, ausdauernde Struktur- und Blattschmuckpflanze kommt besonders als überhängendes Blattgrün zur Geltung. Im lichten Schatten und bei gleichmäßiger Substratfeuchte gedeiht sie am besten.

Currykraut

Helichrysum italicum

Der starke Duft der Blüten und Blätter erinnert an Curry. In der mediterranen Küche werden junge Triebe zum Würzen von Saucen, Fisch- und Fleischgerichten verwendet. Die Blütezeit reicht von Mai bis September.

Aschenranke

Helichrysum petiolare

In voller Sonne und bei guter Nährstoffversorgung ist diese Strukturpflanze besonders wüchsig. Schwachwachsende Nachbarn haben oft Probleme sich zu behaupten. Manchmal hilft hier nur der Griff zur Schere.

Fleißiges Lieschen

Impatiens walleriana

Das Fleißige Lieschen stammt aus dem tropischen Ostafrika. Am besten gedeiht es im lichten Schatten bei ausreichender Wasser- und Nährstoffversorgung. Blütezeit geht von Mai bis Oktober.

Edel-Lieschen

***Impatiens* Neuguinea-Hybriden**

Edellieschen bevorzugen einen hellen Schattenplatz und benötigen ausreichende Wasser- und Nährstoffgaben Die neuen Sorten der Serie Sun Patiens sind besonders wüchsig und reichblühend, sogar in voller Sonne.

Süßkartoffel

Ipomoea batatas

Die Blüten sind unauffällig, dafür begeistert das farbkräftige ausdrucksstarke Blattwerk umso mehr. Im Halbschatten wachsen die Pflanzen besonders üppig. Die Knollen sind essbar.

Lavendel

Lavandula angustifolia

Der Lavendel ist eine geschätzte Beetpflanze, aber auch im Balkonkasten macht er eine gute Figur. Viele Sorten kommen schon im ersten Jahr zur Blüte und sind dann eine willkommene Bienenweide für den Spätsommer.

Männertreu

Lobelia erinus

Das Männertreu stammt ursprünglich aus Südafrika. Vorzugsweise wächst es an sonnigen oder hellen schattigen Standorten und blüht von Mai bis September. Auf Trockenheit oder Staunässe reagiert es meist empfindlich.

Duftsteinrich

Lobularia maritima

Die neuen Sorten entwickeln eine beeindruckende Blütenfülle. Ein Plätzchen in voller Sonne oder im Halbschatten wird gerne angenommen, genauso wie ausreichende Wasser- und Düngerversorgung.

Elfenspiegel

Nemesia strumosa

Die leuchtenden Farben, die aparte Blütenform und der zierliche, oft überhängende Wuchs zeichnen diese Südafrikaner aus. Ein Rückschnitt ermöglicht einen zweiten Flor.

Zier-Tabak

Nicotiana × sanderae

Ursprünglich stammen die Pflanzen aus Süd- und Mittelamerika. Die Blüten erscheinen von Mai bis Oktober in den Farben Weiß, Lime, Rosa, Rot bis Violett. Bei Blühpausen bringt ein Rückschnitt einen zweiten Flor.

Nachtkerze

Oenothera fruticosa

Die zitronengelben Blüten öffnen sich nicht nur in der Nacht, sondern glücklicherweise auch am Tage. Die Blütezeit erstreckt sich von Mai bis September. In geschützten Lagen sind die Pflanzen sogar winterhart.

Kapkörbchen

Osteospermum ecklonis

Ähnlich wie Mittagsblumen öffnen sich die Blüten der Kapkörbchen mit den ersten Sonnenstrahlen. Bei Dunkelheit oder Regen bleiben sie geschlossen. Die Symphonie-Sorten blühen ohne Blühpause.

Pelargonie

***Pelargonium*-Hybriden**

Robust, ausdauernde Blüte und eine sensationelle Fernwirkung sind die Vorzüge der Pelargonie. Kein Wunder also, dass die Pelargonie, im Volksmund auch Geranie genannt, einen Stammplatz im Balkonsortiment hat.

Petunie, großblumig

***Petunia*-Hybriden**

Nahezu unbegrenztes Wachstum und Blüten im Überfluss bieten die vegetativ vermehrten, großblumigen Petunien. Dafür sind eine reichliche Nährstoff- und Wasserversorgung sowie ein Regenschutz nötig.

Mottenkönig

Plectranthus forsteri

Der »Weihrauch« ist eine bewährte Strukturpflanze für den Balkonkasten. Ideal sind helle, sonnige bis halbschattige Standorte. Die Pflanzen sind robust und ausdauernd, aber nährstoffbedürftig.

Buntnessel

Plectranthus scutellarioides

Die Natur zeichnet hier das Blattwerk in den schönsten Farben, es gibt eine Fülle verschiedener Sorten. Volle Sonne kann bei ihnen zu Blattverbrennungen führen, idealer Standort ist daher der helle Schatten.

Mehl-Salbei

Salvia farinaceae

Die blauen, weißen oder zweifarbigen Blüten der Salbeisorten erscheinen von Mai bis zum ersten Frost. Am wohlsten fühlen sich die beliebten Mittelamerikaner auf warmen sonnigen oder halbschattigen Standorten.

Husarenknopf

Sanvitalia procumbens

Die Blüte der Südafrikanerin hat Ähnlichkeit mit einer kleinen Sonnenblume. Die unzähligen Einzelblüten des robusten Korbblütlers bilden ein imposantes »Blütenkissen« bis zum ersten Frost.

Fächerblume

Scaevola aemula

Die Pflanzen sind robust und pflegeleicht. Das Wachstum und damit die Blütezeit enden spät im Herbst mit den ersten Nachtfrösten. Wie bei fast allen Australiern sollte auf ausreichende Eisenversorgung geachtet werden.

Schneeflockenblume

Sutera grandiflora

Die zierlichen Lippenblüten aus Südafrika können den Betrachter verzaubern. Besonders schön entwickeln sich die Pflanzen im hellen Schatten mit Regenschutz. Empfindlich gegen Ballentrockenheit und Staunässe.

Zitronen-Thymian

Thymus × citriodorus

Der Zitronen-Thymian ist eine Kreuzung aus Feld-Thymian und dem Echten Thymian. Die vielen Sorten variieren in der Laubfarbe, aber das angenehme Aroma von Zitrone und ein äußerst attraktives Aussehen besitzen sie alle.

Kapuzinerkresse

Tropaeolum majus

Die nahezu anspruchslosen Pflanzen stammen aus Süd- und Mittelamerika. Die Blüten sind nicht nur sehr attraktiv, sondern auch essbar. Ebenso werden die Knospen und jungen Blätter in der Küche geschätzt.

Eisenkraut

***Verbena*-Hybriden**

Die beliebten Beet- und Balkonblumen wachsen je nach Art aufrecht oder niederliegend. Die kompakten Neuzüchtungen sind meist deutlich widerstandsfähiger gegenüber Mehltau als die alten Sorten.

Zinnie

Zinnia angustifolia

Der niedrige Wuchs und die schmalen Blätter verleihen dieser Zinnien-Art ein besonders graziles Aussehen. Die ungefüllten Blüten sind deutlich witterungsbeständiger und damit besser geeignet als gefüllt blühende.

Die schönsten Stauden und Gräser

Die Vielfalt der Stauden bietet unendlich viele Möglichkeiten, um schöne Blumenbeete zu gestalten. Im Porträtteil werden Ihnen alle Stauden vorgestellt, die in den Blumenbeeten verwendet und kombiniert werden.

Die Aufzählung der Porträts folgt, alphabetisch geordnet, den **botanischen Namen**. Diese sind der lateinischen Sprache entlehnt und entsprechen einem international vereinbarten Regelwerk. Botanische Namen sind über alle Ländergrenzen hinweg die gleichen, zudem werden sie stets in den Pflanzenkatalogen bevorzugt aufgelistet und wie hier in alphabetischer Ordnung vorgestellt. Für den Pflanzeneinkauf sollte man sie sich notieren.

Die **deutschen Bezeichnungen**, auch volkstümliche Namen genannt, sind für eine Pflanze nicht immer einheitlich. Sie können regional und historisch gesehen äußerst unterschiedlich sein. Häufig gibt es mehrere volkstümliche Namen für ein und dieselbe Pflanze, hier wird jeweils nur der bekannteste Name genannt.

Porträtiert werden 47 Blütenstauden und 6 Gräser mit aussagekräftigen Bildern und kurzen Beschreibungen der charakteristischen Eigenschaften sowie der Besonderheiten der ausgewählten Stauden.

Gold-Garbe

Achillea filipendulina

Ein goldgelber Dauerblüher mit schirmartigen Blütenständen, der an sonnigen Plätzen von Juli bis September unermüdlich blüht. Die Fruchtstände sind auch im Winter noch attraktiv. Gute Schnittblume.

Tausendblättrige Garbe

Achillea millefolium

Aromatisch duftender Sommerblüher mit weiß, rosa, lila und rot blühenden Sorten mit langer Blütezeit. Die schirmartigen Blütenstände sind auch als Schnitt- und Trockenblumen empfehlenswert.

Schleier-Frauenmantel

Alchemilla mollis

Robuste Blattschmuckstaude mit zierender Tautropfenbildung und schönen gelblich grünen Blütenständen, die im Juni schleierartig über den Blättern stehen. Gut für sonnige und lichtschattige Plätze.

Italienische Ochsenzunge

Anchusa azurea

Eine kräftig wachsende Staude mit rau behaarten Blättern und leuchtend blauen Bluten an langen Rispen. Nur für sonnig-warme, durchlässige Standorte empfehlenswert. Empfindlich gegen Winternässe.

Färberkamille

Anthemis × hybrida

Aromatischer Sommerblüher mit fiederschnittigem Laub und Margeritenblüten in Cremeweiß, Cremegelb und Gelbtönen. Alle Sorten bevorzugen sonnige Lagen und durchlässige, nährstoffarme Böden.

Kissen-Aster

***Aster* Dumosus-Gruppe**

Niedrige Astern, die sich durch kurze Ausläufer allmählich ausbreiten. Im Herbst bilden sie eine geschlossene, farbige Fläche aus sternförmigen Blüten. Je nach Sorte blühen sie violett, blau, karminrot, rosa oder weiß.

Myrten-Aster

Aster ericoides

Bei den Myrten-Astern bilden zahlreiche kleine Sternblüten wolkenartige Blütenstände. Wertvolle Herbstblüher, die je nach Sorte weiß, zartlila, hellblau oder zartrosafarben blühen.

Glattblatt-Aster

Aster novi-belgii

Buschige Herbstastern, die kurze Ausläufer bilden. Die Blüten sind einfach, halbgefüllt oder gefüllt und stehen in kuppelartigen Blütenständen. Viele Sorten in Blau, Violett, Rosa, Karminrot oder Weiß.

Diamantgras

Calamagrostis brachytricha

Dekoratives Gras mit großen, filigranen Blütenrispen, die Regen- und Tautropfen im Licht wie Diamanten blitzen lassen. Ab Oktober bis weit in den November hinein mit sehr ansprechender gelber Herbstfärbung.

Gartensandrohr

Calamagrostis × acutiflora

Aus schopfartigen Blatthorsten ragen straff aufrechte Blütenstände hervor. Die grauen Blütenrispen verwandeln sich früh in schlanke sandfarbene Fruchtstände, die weit bis in den Winter hinein schmücken.

Kleinblütige Bergminze

Calamintha nepeta

Ausdauernde, reichblütige Sommerblüher mit aromatischem Laub und duftenden Blütenwolken in zartem Violettblau, Lila oder Weiß. Hervorragende Bienenweide. Für sonnige, warme Gartenplätze.

Rote Spornblume

Centranthus ruber

Anspruchslose Staude mit blaugrünen Blättern und doldenähnlichen Blütenständen aus zahlreichen, kleinen rosafarbenen Einzelblüten. Die Sorte 'Albus' blüht weiß, 'Coccineus' intensiv karminrot.

Quirlblättriges Mädchenauge

Coreopsis verticillata

Charakteristisch sind die goldgelben, sternförmigen Blüten, die von Juni bis August die vieltriebigen Horste überreich schmücken. Attraktive frischgrüne Belaubung aus nadelförmigen Blättern.

Riesenschleierkraut

Crambe cordifolia

Imposante Staude mit großen, rundlich-herzförmigen Blättern und übergroßen, vielästigen Blütenständen, die von Mai bis Juni riesige weiße, duftende Blütenwolken bilden. Für sonnige, warme Gartenplätze.

Hoher Garten-Rittersporn

Delphinium **Elatum-Gruppe**

Bekannte Garten- und Schnittstaude mit prachtvollen Blütenlanzen in meist blauen Farbtönen. Rittersporne benötigen ausreichend Platz und offenen Boden in sonniger Lage, um ihre volle Schönheit zu entfalten.

Purpursonnenhut

Echinacea purpurea

Wertvoller Spätsommerblüher und Schmetterlingsmagnet mit großer Sortenvielfalt. Zu den altbekannten Rosa- und Weißtönen gesellen sich neue Sorten in gelben, orangefarbenen und grünlichen Farbvarianten.

Kugeldistel

Echinops ritro

Distelartige Staude mit blauvioletten, kugeligen Blütenköpfen und fiederschnittigen, stumpfgrünen Blättern für warme, sonnige Rabatten. Bienen- und Schmetterlingsmagnet. Gute Schnitt- und Trockenblume.

Feinstrahlaster

***Erigeron*-Sorten**

Hübsche Verwandte der Astern, die lockerbuschige, vielblütige Horste mit sternförmigen Blüten bilden. Die feinen Strahlenblüten der Sommerblüher sind violett, lila, karminrot oder weiß gefärbt.

Gefleckter Wasserdost

Eupatorium maculatum

Imposante Großstaude mit buschigem Wuchs. An den straff aufrechten Stängeln sitzen große Blütendolden aus fedrigen, rosafarbenen Einzelblüten. Attraktiv sind auch die weiß und rot blühenden Sorten.

Steppen-Wolfsmilch

Euphorbia seguieriana **subsp.** ***niciciana***

Horstig wachsende Art mit halbkugeligem Wuchs und dauerhaften Blütenständen. Die Blüten sind unscheinbar, dafür sind die gelblich grünen Hochblätter umso schmuckvoller.

Kokardenblume

***Gaillardia*-Sorten**

Dauerblühende Beet- und Schnittstaude in leuchtkräftigen Rot-, Orange- und Gelbtönen, oft auch zweifarbig. Ein kurzlebiger Sommerblüher für sonnige Plätze und durchlässige Böden. Gut als Füllpflanze.

Pracht-Storchschnabel

***Geranium × magnificum* 'Rosemoor'**

Horstig wachsende, standfeste Sorte mit halbkugeligem Wuchs und sehr großen, schalenförmigen Blüten in Purpurviolett. Für sonnige bis halbschattige Plätze.

Sonnenbraut

***Helenium*-Sorten**

Überaus reich blühende Sommer- und Herbstblüher mit radförmigen Blüten in warmen Gelb-, Orange-, Rot- und Kupfertönen, viele Sorten auch zweifarbig. Hervorragende Schnittblume. Gute Bienenweide.

Stauden-Sonnenblume

Helianthus decapetalus

Wertvoller Spätsommerblüher mit horstigem Wuchs. Die Blütenform der kleinen gelben Sonnenblumen variiert von einfach über halbgefüllt bis gefüllt. Dankbare Schnittstaude mit ausgezeichneter Haltbarkeit.

Blaustrahlhafer

Helictotrichon sempervirens

Gras mit horstigem Wuchs und starren, stahlblauen Blättern, die strahlenförmig angeordnet sind. Die eleganten Blütenrispen sind locker übergeneigt. Empfindlich gegen Winternässe.

Sonnenauge

Heliopsis helianthoides

Stattliche Rabatten- und Schnittstauden, die buschige Horste bilden. Die gelben Dauerblüher blühen von Juli bis September unermüdlich. Viele Sorten, die sich in Gelbton und Blütenfüllung unterscheiden.

Taglilie

***Hemerocallis*-Sorten**

Taglilien zieren mit lilienähnlichen Blüten, die nur einen Tag lang blühen. Da laufend neue Knospen gebildet werden, blühen sie wochenlang. Ein Sortiment mit spektakulären Blütenfarben und -formen.

Rauhaariger Alant

Inula hirta

Buschig wachsende Wildstaude mit gelben Körbchenblüten und üppiger Dauerblüte von Juli bis September. Empfehlenswerte wie robuste Art für sonnige, warme und eher trockene Gartenplätze.

Hohe Bart-Iris

***Iris* Germanica-Gruppe**

Hohe Bart-Iris gibt es in einer überschwänglichen Sortenfülle, die sich in Blütenform und -farbe zeigt. Die Farbpalette der Iris beinhaltet fast alle erdenklichen Schattierungen und Mischfarben.

Wiesen-Iris

Iris sibirica

Wiesen-Iris bilden dichte Laubhorste, über denen die Blüten auf schlanken Stielen stehen. Charakteristisch sind blaue und violette Blütenfarben, im Sortiment sind auch weiß und gelb blühende Sorten.

Lavendel

Lavandula angustifolia

Kompaktwüchsiger Halbstrauch mit halbkugelförmigem Umriss. Das graugrüne, aromatische Laub wird im Sommer von duftenden Blüten überstellt, die je nach Sorte violettblau, lila, rosa oder weiß gefärbt sind.

Sommer-Margerite

***Leucanthemum* Superbum-Gruppe**

Bewährter Sommerblüher für sonnige Rabatten und zum Schnitt. Die weißen Margeritenblüten sind einfach, halbgefüllt oder gefüllt. Sortenabhängig ist die Wuchshöhe von 40–80 cm.

Vexiernelke

Lychnis coronaria

Kurzlebige Art mit weißfilzig behaarten Trieben und Blättern, die sich gut durch Selbstaussaat erhält. Die karminroten Blüten bringen intensive Farbtupfer ins Beet. Die weißblütige Sorte heißt 'Alba'.

Blut-Weiderich

Lythrum salicaria

Buschige Staude mit hohen, leuchtenden Blütenkerzen in rosafarbenen bis purpurroten Tönungen. Bevorzugt nährstoffreiche, frische bis feuchte Standorte in sonniger bis lichtschattiger Lage.

Chinaschilf

Miscanthus sinensis

Schilfartige Horste mit aufstrebenden oder kaskadenartig überhängenden Blattspreiten. Die fedrigen Blütenrispen sind im Winter noch attraktiv. Viele Sorten, auch mit weiß und gelb gestreiftem Laub.

Indianernessel

***Monarda*-Sorten**

Nach Bergamotte duftender Sommerblüher, der Bienen und Schmetterlinge anlockt. Ein Dauerblüher mit vielen Sorten in Karmin-, Purpur- oder Scharlachrot, Violett, Rosa und Weiß. Gute Schnittblume.

Katzenminze

***Nepeta* Faassenii-Gruppe**

Horstig wachsende, aromatisch duftende Sorten mit silbrig grauer Belaubung und blauer Dauerblüte. Nach zeitigem Rückschnitt im Juli blühen die Katzenminzen vom Spätsommer bis zum Herbst ein zweites Mal.

Edel-Pfingstrose

***Paeonia* Lactiflora-Gruppe**

Langlebige Stauden mit prachtvollen Blüten in vielen Nuancen von Weiß, Rosa, Karmin- oder Blutrot. Beachtliches Sortenspektrum mit reicher Farben- und Formenvielfalt. Viele Sorten duften sehr angenehm.

Ruten-Hirse

Panicum virgatum

Horstiges Gras mit zarten, schleierförmigen Blütenständen. Viele Sorten zeigen schöne, bereits im Spätsommer einsetzende Herbstfärbung. Bei einigen Sorten gelbbraun, bei anderen flammend orangerot.

Türkischer Mohn

Papaver orientale

Die Blattschöpfe werden von großen schalenförmigen Blüten überragt. Viele farbkräftige Sorten in Scharlachrot mit oder ohne schwarzen Fleck im Zentrum, auch in Orange, Rosa, Weiß oder Purpurviolett.

Lampenputzergras

Pennisetum alopecuroides

Horstig wachsendes Gras mit halbkugelförmigem Habitus. Die dekorativen, walzenförmigen Blütenähren gaben der Art den Namen. Prächtige goldgelbe Herbstfärbung, die Fruchtstände zieren noch im Winter.

Blauraute, Perowskie

Perovskia atriplicifolia

Ein ausgezeichneter aromatischer Halbstrauch für sonnige Gartenbeete. Die lilaviolette Blütenpracht hält den ganzen Sommer über bis in den Herbst und wird äußerst gern von Bienen angeflogen.

Samos-Brandkraut

Phlomis russeliana

Ausdauernde Staude, die sich mit kurzen Ausläufern bodendeckend ausbreitet. Die zartgelben Lippenblüten sitzen in etagenförmig am Stiel angeordneten Blütenquirlen. Attraktive Fruchtstände im Winter.

Stauden-Phlox,
Hohe Flammenblume

***Phlox* Paniculata-Gruppe**

Wunderschöne, reich blühende und farbenfrohe Rabatten- und Schnittstaude mit radförmigen Blüten in großen, kuppelförmigen Blütenständen. Blütezeit von Juli bis September.

Garten-Sonnenhut

***Rudbeckia fulgida* 'Goldsturm'**

Bekanntester Sonnenhut mit kompaktem, buschigem Wuchs. Charakteristisch sind die goldgelben Strahlenblüten um die kugelige schwarzbraune Mitte. Standfester Dauerblüher von August bis Oktober.

Fallschirm-Sonnenhut

Rudbeckia nitida

Lockerbuschige, hoch aufstrebende Horste, die sich gut für den Hintergrund von Staudenrabatten eignen. Namensgebend sind die hängenden gelben Zungenblüten, die um eine kegelförmige Mitte angeordnet sind.

Hain-Salbei

Salvia nemorosa

Aromatische Beetstaude mit kleinbuschigem Wuchs und straff aufrechten Blütenkerzen. Viele Sorten in Blau, Violett, Rosa und Weiß mit langer Blütezeit. Remontiert nach Rückschnitt. Exzellente Bienenweide.

Purpur-Fetthenne

Sedum telephium

Hervorragender Herbstblüher mit großen Blütenschirmen, die purpurrosa gefärbt sind. Die Fruchtstände zieren im Winter. Die Blüten werden gerne von Schmetterlingen besucht.

Pracht-Goldrute

***Solidago*-Sorten**

Robuste Sommerblüher mit horstigem Wuchs und weidenähnlichen Blättern. Alle Sorten zieren winzige gelbe Blütenköpfchen in reichblütigen Rispen. Unterschiede gibt es bei Wuchshöhe und Blütezeit.

Wolliger Ziest

Stachys byzantina

Guter Bodendecker, der dichte weißfilzige Blattteppiche bildet. Die unscheinbaren rosa Blüten sitzen an aufrechten, silbrigen Blütenständen. Empfindlich gegen stauende Nässe.

Schwarze Königskerze

Verbascum nigrum

Wirkungsvoller Sommerblüher mit charakteristischen gelben Blütenkerzen und rötlichen Staubgefäßen, die aus breiten, grundständigen Blattrosetten emporragen. Die Stängel sind oft bräunlich gefärbt.

Kandelaber-Ehrenpreis

Veronicastrum virginicum

Bildet aufrechte, standfeste Horste. Namensgebend sind die kandelaberartigen, langen Blütenstände auf hohen Stielen, die quirlig beblättert sind. Zarte Blütenfarben wie Hellrosa, Hellviolett oder Weiß.

Fädige Palmlilie

Yucca filamentosa

Dekorative, etwas exotisch anmutende Staude mit blaugrünem Blattschopf und hoher Blütenrispe aus weißen, glockigen Blüten. Nach der Blüte stirbt die Pflanze ab, regeneriert sich aber aus Seitentrieben.

Stichwortverzeichnis

Zahlen mit * verweisen auf Abbildungen, fett gesetzte sind Hauptverweise

Stichwortverzeichnis

Bildnachweis

Borstell: 64, 96, 104, 119, 127ol, 131ol, 131mo, 132mo, 132ur, 133or, 134ol, 134ul, 136ol, 136or, 137ul, 138or; Brand: 133ol, 135ul; Flora Press/Bildagentur Beck: 131ul; Flora Press/BIOSPHOTO/Michel Gunther: 132ul; Flora Press/David Dixon: 72; Flora Press/Derek Harris: 2/3; Flora Press/Edition Phönix: 125ur; Flora Press/FocusOnGarden/Luckner: 88; Flora Press/gartenfoto.at: 48; Flora Press/GWI: 68, 122r, 126mo, 127or, 139ol; Flora Press/MAP: 120, 124m; Flora Press/Neil Sutherland: 139u; Flora Press/Nova Photo Graphik/: 123ol; Flora Press/The Garden Collection/John Glover: 80; Flora Press/The Garden Collection/Marie O'Hara: 16; Flora Press/The Garden Collection/Nicola Stocken Tomkins: 133mu; Flora Press/The Garden Collection/Nova Photo Graphik: 97, 125ul; Flora Press/The Garden Collection/Torie Chugg: 25; Flora Press/Visions: 12, 123mu, 124ul; Flora Press: 112; GBA/Didillon: 127mu; GBA/Nichols: 33; Haas: 123mo, 123ur, 124ur; Hagen: 138ur; Kientzler: 112l, 125mu, 127ul; Leyhe: 4r, 40, 41; LianeM – fotolia.com: 126ol; Redeleit: 112ul, 112ur, 117, 118r; Reinhard: 32, 123or, 124mu, 125ol, 126or, 126ur, 127ur, 130l, 131mu, 133ul, 134mu, 135mo, 135ur, 136ul, 139mo, 138mo, 138ul; Romeis: 135ol, 135or, 136ur, 137mo; Ruckszio: 131or, 132mu, 133mo, 133mo, 135mu, 136mo, 138ol; Seidl: 24, 131ur, 132ol, 134or, 134ur, 136mu, 137mu, 137ur, 137ol, 137or, 139or; Stork: 118l; Strauß/LADY FARM, SOMERSET: 56; Strauß: 1, 5r, 6, 7, 8, 20, 28, 36, 44, 52, 60, 69, 76, 84, 92, 100, 106, 109, 110, 111, 113, 114, 115, 116, 123ul, 124ol, 124or, 125mo, 126ul, 126mu, 127mo, 128or, 128ol, 128mo, 128ul, 128mu, 128ur, 129, 130r, 132or, 133ur; Verena Matthew – shutterstock.com: 125or

Grafiken:
Bespaluk: 4l, 10, 11, 14, 15, 18, 19, 26, 27, 34, 35, 50, 51, 58, 59, 70, 71, 82, 83, 98, 99; Fritzsche: 5l, 22, 23, 30, 31, 46, 47, 54, 55, 62, 63, 78, 79, 86, 87, 94, 95, 102, 103; Janicek: 38, 39, 42, 43, 66, 67, 74, 75, 90, 91

Adressen

Informationsstellen für Hobbygärtner

Bayerische Gartenakademie
An der Steige 15
97209 Veitshöchheim
Tel.: 0931 9801-158
Fax: 0931 9801-139
E-Mail:
bay.gartenakademie@lwg.bayern.de
Internet:
www.lwg.bayern.de/gartenakademie

Infodienst Weihenstephan HSWT
Zentrum für Forschung und Weiterbildung
Referat Weiterbildung
Am Staudengarten 9
85354 Freising
Tel.: 08161 71-4132
E-Mail: weiterbildung@hswt.de
Internet:
www.hswt.de/weihenstephaner-gaerten/freizeitgartenbau.html

Bund deutscher Staudengärtner
Godesberger Allee 142–148
53175 Bonn
Tel.: 0228 810 02-55
Internet:
www.bund-deutscher-stauden-gaertner.de
http://www.stauden.de

Über die Autoren

Ulrike Leyhe studierte nach Ausbildung und Gehilfenjahr in einer Baumschule im Rheinland Gartenbauwissenschaften an der TU München in Freising. Nach Agrarreferendariat in Nordrhein-Westfalen ist sie seit 1996 Technische Leiterin der Weihenstephaner Gärten der Hochschule Weihenstephan-Triesdorf.

Hans-Peter Haas ist Betriebsleiter Zierpflanzenbau an der Hochschule Weihenstephan-Triesdorf in Freising bei München. Neben seiner Lehrtätigkeit an der Hochschule Weihenstephan arbeitet Hans-Peter Haas im Bereich Vermehrung von Zierpflanzen mit Schwerpunkt Beet- und Balkonpflanzen. Außerdem testet er regelmäßig die aktuellen Sortimente der Züchter im Bereich der Beet- und Balkonpflanzen.

Impressum

Bibliografische Information der Deutschen Nationalbibliothek
Die Deutsche Nationalbibliothek verzeichnet diese Publikation in der Deutschen Nationalbibliografie; detaillierte bibliografische Daten sind im Internet über http://dnb.d-nb.de abrufbar.

BLV Buchverlag GmbH & Co. KG
80636 München

Umschlagkonzeption und Gestaltung: BLV-Verlag
Umschlagfotos:
Vorderseite: Mauritius Images / Andrea Jones Images
Rückseite: Sylvia Bespaluk

Lektorat: Corina Steffl
Herstellung: Ruth Bost
Layoutkonzeption Innenteil: griesbeckdesign, München
Layout/DTP: Uhl + Massopust, Aalen

Gedruckt auf chlorfrei gebleichtem Papier

Printed in Italy
ISBN 978-3-8354-1630-7

Hinweis
Das vorliegende Buch wurde sorgfältig erarbeitet. Dennoch erfolgen alle Angaben ohne Gewähr. Weder Autoren noch Verlag können für eventuelle Nachteile oder Schäden, die aus den im Buch vorgestellten Informationen resultieren, eine Haftung übernehmen.

www.facebook.com/blvVerlag